내란의 뿌리를
찾아서
민주주의가
경제다

내란의 뿌리를 찾아서

경제를 망친 카르텔에 또 권력을 맡길 텐가?
내란의 뿌리를 캐내야 경제가 산다.

민주주의가
경제다

| 이병훈 지음 |

굿모닝미디어

더 많은 민주주의, 더 단단한 민주주의

'더 많은 민주주의', '더 단단한 민주주의'는 어떻게 가능한가?

민주주의가 경제다. 민주주의는 경제 성장의 촉진제다. 민주주의가 단단할수록 통치의 투명성은 높아지고 부패가 설자리는 좁아진다. '더 단단한 민주주의'가 작동할 때 정치가 투명해지고 기업 환경도 투명해진다. 투자자들이 안심하고 투자 가능성도 높아진다.

보수 정권은 입만 열면 '자유민주주의' 타령을 해왔고 지금도 여전하다. 도대체 누가 '자유'와 '민주주의'를 부정한단 말인가. 매국적 극우 권력이 민주주의에 '자유'를 덧칠한다. 정권 안보를 위한 명분이다. 자유민주주의는 이념 상품으로 잘 포장되어 반대 세력 탄압용으로 정당화된다. 극우 지지층은 그런 상품에 열광하며 수호해야 한다고 외친다. 반대 진영을 향해선 증오와 혐오의 애국심을 키운다. 반대 진영에겐 반국가세력이란 낙인 딱지가 붙는다. 이때의 자유민주주의는 반공주의다. 한국 정치사에서 '자유민주주의'는 민주주의를 유보하고, 정적을 제거하고, 인권을 박탈하는 형태로 진행돼왔다. 극우사대주의 세력이 권력 중독에 빠질 때 내란은 불가피하다. '자유'를 입버릇처럼 말하던 자들이 '자유'를 가두는 일이 발생한다.

윤석열 재임 중 경제 성장률은 1% 미만이었다. 부자 감세 정책을 밀어붙여 나라 살림은 빚더미에 앉았다. 국가 채무는 1000조 원을 넘어섰다. 빚내서 나라 살림 막으려다 공적 기금을 마이너스 통장처럼 썼다. 물가 상승률은 살인적이었다. 실질임금이 줄어들었는데 최저임금은 찔끔 올랐다. 자영업자들이 무너지고 각 가정의 부채도 심각하게 늘었다. 자살률과 노인 빈곤율은 세계 최고 수준으로 치솟았고, 소득 격차는 더욱 벌어졌다. 출산율도 바닥 수준이다. 청년들은 미래를 이야기하지 않는다. 왜 한국의 성장 엔진이 꺼져가고 있는가?

이 모든 원인은 정권 내내 '가짜 자유민주주의'라는 깡통을 소란스럽게 두드리며 철 지난 이념으로 대국민 전쟁을 일삼은 세력에게 있다. 깡통은 구걸 그릇이다. 자유민주주의는 깡통에 불과하다. 그런 깡통에 사회적 약자 보호와 복지 등 우리 헌법이 명시하고 있는 '사회적 기본권'을 담아낼 수 있는가? 지금의 보수 정권은 이념형 보수다. 그러니 민주주의가 곧 경제라는 원리를 모르거나 외면하는 것이다.

새로 등장하는 정치 지도자는 국민이 '더 많은 민주주의'를 누릴 수 있게 고뇌하고 또 고뇌해야 할 것이다. 우리 헌법은 사회적 기본권인 '사회권'을 보장하고 있다. 하지만 명시적이다. 그래서 역대 보수 정권은 사회권을 국민에게 베푸는 시혜 정도로 여겼다. 이제는 우리 국민이 사회권을 직접 요구하고 요구한 만큼 누릴 수 있어야 한다. 이것이 '더 많은 민주주의'일 것이다.

'더 단단한 민주주의'를 위해서는 12·3 내란의 뿌리를 캐내야 한다. 그래야 경제도 산다. 내란은 형식적으로 종식된 듯 보이지만 내란 숙주 세력들이 자행하고 있는 역사쿠데타는 현재진행형이다. 윤석열 정부에서 요직을 차지하고 있는 역사쿠데타 세력들은 일제 식민사관에 절어 있어 임시정부의 법통을 무시하고 광복절을 인정하지도 않는다. 그들은 일제 강점기를 한국 근대화의 필수 과정으로 미화하고, 일제 통치가 우리나라 경제 발전에 기여했다는 논리로 역사를 왜곡한다. 대일 저자세 외교의 극치도 보여준다. 국가안보실 차장이 "중요한 건 일본의 마음"이라고 말한 것에서 실감할 수 있다.

이러한 역사쿠데타 세력들이 바로 12·3 내란 사태의 뿌리다. 이들이 시대착오적 이념전쟁을 일으켜 민주주의 시스템을 망가뜨렸고 한국경제의 성장 엔진도 멈춰 세웠다. 이들은 극우사대주의 성향의 뉴라이트 세력, 극우 스피커, 광신적 추종자들로 이뤄진 거대한 악의 빙산이다. 이 빙산을 깨야 K-민주주의가 완성된다.

한국 정치에서 보수가 멸종을 직감하는 공룡 신세가 되지 않으려면 자신들의 목에 스스로 혁신자의 방울을 달아야 할 것이다. 그래야 그나마 조금은 용서될 것이다.

〈슬로우뉴스〉에 감사드린다. 이 책 1장 내용 중에 민주노총과 슬로우뉴스가 공동 기획해 제작한 리포트, '윤석열이 망친 것'과 '윤석열 정부 몰락의 27가지 장면' 주제가 있다. 이는 〈슬로우뉴스〉로부터 제공받은 것이다.

윤석열 탄핵 집회에서 응원봉을 흔들며 2030 세대가 보여준 K-민주주의는 다이내믹했다. 응원봉은 사랑이 이긴다는 집단적 의미일 것이다. 응원봉을 통해 하나는 모두를, 모두는 하나를 기억했을 것이다. 그런 사회적 기억들이 온전히 일상의 실천으로 이어져 민주주의가 더 단단해지기를 바라는 마음에서 이 책을 그들의 함성 곁에 내놓는다.

2025년 2월 10일 이병훈

차례

1장
12·3 내란의 뿌리는 어디인가?

2장

착한 권력은 없다

3장

다이내믹 K-민주주의

1장

12 · 3 내란의

뿌리는

어디인가?

1. 저 감옥 가나요?

**탄핵 국면, 탄핵 집회 과정에서 2030 시위대에 '쥴리 계엄'
이란 말이 나왔다. 어떤 배경이었나?**

12·3 비상계엄이 선포된 후 영국 일간지 〈더타임스〉는 김
여사를 '한국의 레이디 맥베스'로 비유하며, 그녀의 정치적 영
향력이 계엄 선포의 동기일 수 있다고 보도했다. 《맥베스》는
셰익스피어의 4대 비극 가운데 하나로, 주인공 맥베스의 부
인이 레이디 맥베스다. 그녀는 강한 권력욕으로 남편을 권좌
에 올린 뒤 함께 몰락하는 인물이다.

영국 BBC 방송은 "윤석열이 반국가세력과 북한의 위협을
언급했지만, 그것은 외부의 위협이 아닌 자신의 절박한 정치
적 문제" 때문이며 실제로는 김건희 여사와 관련된 부패 스캔

들 등 정치적 문제로 인해 계엄령을 선포한 것으로 분석했다.

김건희는 지난 2019년 '조국 사태' 당시부터 윤석열이 대통령에 취임한 이후인 2023년 12월 '명품백 사태' 당시까지 7~8명의 다양한 역술가, 무속인들에게 의견을 물어왔다. 윤석열이 정치적 고비를 겪을 때마다 김건희는 명리학자를 찾아가 조언을 구했다.

2020년 윤석열 검찰총장과 추미애 법무부 장관 간의 갈등 국면에서는 김건희가 역술인에게 향후 윤 총장의 거취가 어떻게 될지를 물었고, 이때 역술인은 "천운이 좋으니까 살아난다"고 답했다. 2021년 윤석열이 대선 출마를 고민할 때에도 김건희는 역술인을 찾아갔고, 역술인은 "당연히 나가야 한다"고 조언했다.

명태균 게이트가 본격화하기 직전인 2023년 12월, 김건희가 유명 역술인 A 씨에게 "저 감빵 가나요?"라고 메시지를 보냈다. 이에 역술인은 "은둔하면 된다", "당신도 많이 깨달아야 한다. 제발 좀 나서지 말라"고 김건희에게 답했다.

이런 김건희의 무속 논란에 대해 이기홍 〈동아일보〉 대기자는 2024년 12월 26일자 지면에서 "대통령실 안팎에 법률 자문·예측을 해줄 최고의 전문가들이 숱한데도 역술인을 찾아가는 모습은 윤석열 부부가 인생 항로를 헤쳐가는 방식이 세

출처 : <슬로우뉴스>, 2024.12.09

상의 상식과 얼마나 괴리돼 있는지를 재확인시켜 준다"고 해석했다.

　윤석열은 난제에 닥쳤을 때 정상적으로 풀어갈 문제 해결 방식 프로세스를 훈련받거나 경험한 적이 없다. 자신의 행동에 대한 작용 반작용을 예측 계산하고 적절한 방식을 찾아가는 상호 관계 훈련을 전혀 거치지 못했다.

이기홍 대기자는 윤석열이 보수진영에 속죄할 수 있는 제안 세 가지를 했다. 첫째, 하루빨리 국민의힘을 탈당하고 "보수진영은 더 이상 나의 탄핵 문제로 다투지 말라"고 호소해야 한다. 둘째, 헌재에서 탄핵이 기각된다 해도 자진 하야할 것을 약속해야 한다. 셋째, 부부 모두 감옥에 갈 각오를 해야 한다.

김민석 더불어민주당 최고위원은 윤석열의 계엄 선포에 대해 "시작은 김건희 씨의 비정상적 권력 집착"이라며 "김건희 특검을 저지하겠다는 (대통령의) 광적 집착이 이런 상황을 만들었다"고 분석했다.

결과적으로 김건희는 이 모든 걸 예감하고 있었으며, 감옥 가기 싫었던 것이다.

"사람에게 충성하지 않는다"고 말했던 윤석열은 김건희에게 충성했다. 김건희 지키려다 자멸한 것이다.

'명태균 게이트 사태'의 제보자 강혜경 씨는 명태균이 김건희 여사와 영적인 대화를 많이 나눴다고 밝혔다.

2022년 11월 대통령 부부의 캄보디아 순방 중에는 명태균 씨가 꿨던 꿈(비행기가 떨어지는 꿈)에 의존해 김건희의 앙코르와트 방문이 취소됐다.

김건희는 〈서울의소리〉 언론과의 통화에서 "도사들과 대화하는 걸 좋아한다"고 했고, "남편도 영적인 끼가 있어 연결된 것"이라고 말했다.

청와대에서 하루도 잘 수 없다고 우겼던 것도 다시 돌아보게 된다. 대통령 관저를 이전하는 과정에서 역술인 천공이 개입했다는 의혹이 꺼지지 않았다.

손바닥에 '왕'이라고 쓰고 나온 것도 김건희 조언을 따른 것일 가능성이 크다. 대통령실 직원들도 김건희가 관상을 보고 뽑는다는 말도 돌았다.

김동훈(한겨레 전국부장)은 "윤석열 부부의 주술적 행위는 철저히 자신들의 영달과 보신을 위한 것"이고, "그들에게 '나라의 안위'는 관심 밖인 듯하다"고 지적했다.

2. 샤머니즘 공화국

윤석열 정권은 취임 초부터 무속 논란이 끊이지 않았다. '계엄 기획자' 노상원 전 정보사령관이 전역 후 역술인으로 활동한 사실이 알려지면서 김건희가 무당 전성시대를 열었다는 평가가 있다.

　윤석열 집권 초, 천공·건진법사 관련 논란이 불거지며 김건희가 풍수나 관상, 사주, 무속 등에 관심이 많다는 사실이 알려졌다. 동시에 대학원 재학 시절에 발표한 논문들도 주목받았다. 김건희의 국민대 논문 총 4편 가운데 3편이 운세, 사주와 관련된 내용이었다. 2007년 김건희가 국민대 박사과정 때 작성한 논문은 표절 논란과 함께 논문의 영문 제목에 '회원 유지'를 'member Yuji'로 적어 웃음거리가 됐다.

숙명여자대학은 김건희의 석사학위 논문을 3년이나 지나서 표절로 결론 내렸다. 총장이 바뀐 후다.

'12·3 비상계엄' 사전모의 혐의로 구속된 사람 가운데 민간인 신분은 노상원 전 정보사령관이다.

노상원은 내란 실행 혐의로 구속되기 전까지 경기 안산에서 뱀닭을 팔며 '아기보살' 신당(神堂)을 운영했다. '아기보살' 점집은 다세대주택의 반지하에 있었다. 건물 입구에는 '안산시 모범 무속인 보존위원'이라고 적힌 스티커와 붉은색 '만(卍)'자가 여러 개 붙어 있었다. 입구 옆에는 제사에 사용된 것으로 보이는 복어 더미, 말라버린 잡채 그릇, 정체를 알 수 없는 붉은 국이 담긴 냄비가 놓여 있었다.

노상원은 안산의 한 롯데리아에서 계엄 모의에 가담한 인물이다. 일명 '롯데리아 계엄 모의'다. 햄버거 가게에 모인 노상원 전 정보사령관, 문상호 전 정보사령관, 정보사 소속 대령 2명이 감자튀김을 먹으며 선관위 장악을 모의했다는 일이 알려지자 누리꾼들은 패스트푸드 내란, 계엄 버거, 내란 버거, 탄핵 버거 등의 블랙코미디로 응수했고, 온라인상에는 풍자와 조롱이 잇따랐다.

그의 신당에서 발견된 수첩에는 비상계엄 모의를 한 정황이 기록돼 있다. 수첩에 정치인, 언론인, 종교인 등에 대해 수거 대상, 사살이라는 표현도 있다고 알려졌다.

'12·3 비상계엄 사태'가 터지기 전 노상원은 전북 군산의 무속인 '비단 아씨'(이선진·37)를 수십 차례 찾아가 김용현 전 국방부 장관과 계엄 관련 군 관계자들의 사주와 점을 봤다. 이는 무속인의 국회 증언에서 밝혀졌다. 노상원은 연령대가 다양한 수십 명의 군인 명단을 '비단 아씨'에게 보여주며 그중에서 배신할 사람이 누구인지를 캐물었고 배신자 색출 점괘도 보았다.

이런 일이 밝혀지자 '무속인 노상원'이 윤석열에게 12·3 쿠데타 D-데이 점괘를 뽑아 줬냐는 의혹과 함께 비아냥이 쏟아졌다.

윤석열 정권이 무속인 노상원에게 놀아난 꼴이다. 그는 매우 위험한 인물이었다는 평가가 있다.

전직 육군첩보부대HID 출신의 A 부대장(준장)은 2025년 2월 5일 국정조사 청문회에서 노상원 전 정보사령관이 2016년 대북 특수 임무를 수행한 요원들마저 원격 폭파 조끼를 입혀 폭사시키라고 지시했다며 충격적인 증언을 내놨다. 그는 노상원의 계엄 수첩에 적힌 '북 공격 유도', '사살' 등의 표현이 낯설지 않았다고 밝혔다. 해당 임무는 실행되지 않았지만, A 부대장은 노 전 사령관의 반인륜성을 목격했다고 주장했다. 만일 12·3 비상계엄이 성공했다면 끔찍한 일이 벌어졌을지 모른다. 또 다른 예비역은 노상원에 대해 "사람 자체가 흑백이어서 중간이 없다"고 표현했다. 그러면서 "자신이 인정하는 부하에겐 전폭적으로 일을 맡기고, 마음에 안 들면 그냥 반은 죽여서 짓밟았다"고 평가했다. 김용현은 이런 사람에게, 이미 예편한 민간 무속인에게 비상계엄 기획을 맡겼다.

노상원이 비상계엄을 모의하는 과정에서 용하다는 점집 '비단 아씨'를 자주 찾았다는 사실이 알려진 뒤 '비단 아씨' 신당은 상담 예약이 폭주했다고 한다.

12·3 내란 사태 이후 '역술인 천공', '건진 법사', '명태균 미륵', '안산 보살(노상원)'에 이어 '비단 아씨'까지 등장하면서 '무당 전성시대'라는 말이 세간에 떠돌았다. 유튜브에서는 무속·사주 유튜버들이 윤석열의 계엄 선포를 예언하고 적중시켰다는 내용을 쏟아냈다. 무속·사주 업계에선 박정희의 5·16 쿠데타를 계엄 실행 군인들이 참고한 것 아니냐는 말도 나왔다.

김건희는 남편이 대통령이 된 후에는 조용히 내조만 하겠다고 약속한 바 있으나, 윤석열 정부와 여당의 주요 논란에 안 끼는 데가 없었다.

김건희에 대한 언론의 평가를 살펴보자. 김건희는 내란 수

괴의 배후 조정자. V1(대통령)을 넘어 실질적인 권력 서열 1위. 정치·경제·주술 공동체로 윤석열을 조종한 사람. 망상가. 학력 위조부터 주가 조작 의혹까지 까면 깔수록 나오는 범죄 혐의자. 극우 뒤에 숨은 선동가.

김선민 혁신당 대표 권한대행은 "내란 우두머리 윤석열이 체포됐지만, 윤석열의 배우자 김건희를 절대 잊으면 안 된다"며 "김건희는 모든 비리와 의혹에 주역이거나 조역, 연결자로 등장한다"고 역설했다.

'명태균 게이트'로 구속된 명태균은 "윤석열은 장님 무사이고 김건희는 앉은뱅이 주술사"라고 우화에 빗대어 주장했다. 윤석열은 앞을 볼 수 없지만 칼을 잘 휘두르고, 김건희는 장님 무사의 어깨에 올라타서 주술을 부린다는 것이다. 국정이 제대로 운영될 리 없었다. 따라서 12·3 내란은 예견된 몰락 드라마라 할 수 있다.

한국은 샤머니즘 공화국일까? 국내 최대 규모의 무속인 단체로 알려진 대한경신연합회(경천신명회)에 등록된 무속인 수는 약 30만 명으로 추정된다. 한국역술인협회에도 약 30만 명의 회원이 가입되어 있으며, 비회원까지 포함하면 약 50만 명에 이른다고 한다. 물론 불안한 현실과 불확실한 미래가 그 토양일 것이다.

3. 몰락 드라마의 징후

"비상계엄을 한다는 것도 이해가 안 가지만, 비상계엄이 성공할 수 있다고 판단한 것은 더 이해가 가지 않는다"고 말한 국민의힘 의원. 윤석열 몰락은 언제부터 시작되었을까?

윤석열은 야당은 반대만 하는 악한 세력이고 자신이 옳다는 확증편향에 빠져 있었다. 구속기소된 후에도 여전하다.

〈한겨레〉 보도에 따르면, 국군방첩사령부(방첩사)가 윤석열 정부 들어 군 보안·방첩·수사 부대의 역사 계승을 명목으로 전두환·노태우 전 대통령의 사진을 사령부 복도에 다시 게시한 것으로 확인됐다. 당시 사령관은 윤석열의 충암고 후배 여인형(17회)이다. 12·3 비상계엄 선포에 연루된 김용현(7회)

전 국방부 장관과 이상민(12회) 전 행정안전부 장관도 충암고 출신으로 소위 '충암파'이다.

술을 좋아하는 윤석열은 충암고 출신들과 술자리를 자주 가졌다고 한다. 윤석열과 가까운 한 여권 인사는 윤 대통령이 술자리에서 "한번 싹 쓸어버리고 싶다"는 말을 여러 차례 했다고 털어놨다.

지나친 음주는 예외 없이 감정과 판단을 흐리게 만든다. 그래서 지도자의 음주는 특히 위험하다.

노원명 〈매일경제〉 기자는 "술은 사람을 가리는 취미활동이어서 멤버 구성이 배타적이다. 추경호는 부르고 한동훈은 안 부른다. 번개 치는 상대는 늘 친윤뿐이다. 혹은 충암고 동문. 대통령이 술을 만날 차지철들과 마시면 어떻게 되는 줄 아는가. '싹 갈아엎으면 되지' 같은 소리가 나온다."

윤석열 정권 몰락의 시간이 시작된 지점이다.

윤석열은 술 때문에 망했다. 끼리끼리 모여 마시다 보면 감정이 격해지기 마련이다. 가뜩이나 그는 "야 내가 다 싸워봤잖아. 거 별거 아니더라고" 하면서 우쭐대는 스타일이다. 60분 대화 중 55분을 독차지하는 다변가이다. 그러다가 결국 '자유', '자유민주주의'만을 외친다. 그는 늘 '내가 이겨봐서 안다'는 자기 확신에 차 있었다. 12·3 내란은 이런 사람이 저지른 급발진이다.

"운명이 내 편이라고 생각하는 것보다 내가 운명을 극복했 노라 자부하는 것이 더 큰 오만이다. 윤석열의 작은 잘못은 술에 자주 취했다는 것이고 더 큰 잘못은 운명 앞에서 오만했 다는 것이다." 노원명 기자의 일갈이다.

윤석열이 2024년 4월 치러진 22대 총선 전후의 술자리에 서 '계엄'을 자주 언급했다는데, 사실인가?

2025년 1월 7일 일본 〈아사히신문〉은 윤석열 정부의 전 직 관료 말을 인용해 "윤 대통령이 여당이 대패한 지난해 4월 총선 전후부터 회식 자리에서 '계엄령'이라는 말을 자주 사용 하게 됐고, 스트레스와 음주량도 늘어났다고 한다"고 보도했 다.

신문은 전직 관료가 "보통 (다른 사람들은) 소주와 맥주를 컵에 반 정도 따르는데, 대통령은 잔이 넘칠 듯이 술을 가득 따른 다. 그렇게 해서 (술자리마다) 항상 20잔 정도를 들이 마셨다"고 전했다. 이런 술자리는 종종 새벽까지 계속됐다고 한다. "술 을 마시면 윤 대통령은 주로 야당 정치인들을 대상으로 했지만, 때로는 여당 정치인들을 홍보하는 일도 마다하지 않았다"고 전했다.

윤석열이 극우 성향 유튜버 방송에 심취했다는 주장도 이때 나왔다. 윤석열 측근 가운에 한 명은 〈아사히신문〉에 "(윤석열이 입버릇처럼 쓰는) '반국가세력'이라는 단어는 정치인들이 일반적으로 쓰는 말이 아니다"라며 윤석열이 쓰는 단어들은 극우 유튜버들의 표현을 따라하는 것이라고 말했다. 당시 윤석열은 낮은 지지율에 허덕였고, 보수언론들마저 대통령의 독단적인 정부 운영을 비판하고 나서자 일종의 도피처로 극우 유튜버 방송에 빠져들었다는 것이다.

2024년 12월 31일자 〈동아일보〉에 따르면, 12·3 비상계엄 선포 사건을 수사하고 있는 검찰이 이른바 '소맥(소주+맥주) 회동'을 하면서 윤석열 대통령과 군 수뇌부가 계엄을 모의했다는 진술을 확보했으며, 이 자리에서 김용현 전 국방부 장관(구속기소)은 군 관계자들을 향해 "대통령께 충성을 다하는 장군"이라고 추켜세우는 발언을 한 것으로 알려졌다. 그 자리에는 곽종근 특수전사령관, 여인형 국군방첩사령관, 이진우 수방사령관 등이 참석했다. 2시간가량 이어진 소맥 회동에서 윤석열은 "비상대권이나 비상조치가 아니면 나라를 정상화할 방법이 없다"는 발언을 했다.

4. 그 남자의 3중 중독

고집과 불통, 분노의 윤석열은 무엇에 중독되었나?

윤석열 정부 초기에는 '실용주의 3원칙'이라는 게 있었다.

'윤석열 정부 110대 국정 과제'라는 게 있다. 최고 정책 전문가 200여 명이 두 달여 작업 끝에 2022년 5월에 내놓은 윤 정부의 국정운영 청사진이다. 그 보고서에서 "윤 정부는 국익, 실용, 공정, 상식을 국정운영 원칙으로 삼는다"고 했다.

보고서가 말하는 실용주의 3원칙이다.

첫째, 객관적인 사실과 데이터에 기초해서 정책을 결정·집행하고, 둘째, 선택된 정책이라도 사후적으로 더 나은 대안이 나온다면 수정·보완하며, 셋째, 수많은 가능성에 열린 자세로 다른 의견을 존중한다.

김홍수 조선일보 논설위원은 유감스럽게도 지난 2년 반 동안 윤 정부는 이 원칙을 전혀 지키지 않았다고 평가했다. 의료 사태를 빚은 의대 정원 확대 문제만 해도 첫째, 객관적 데이터가 없었고, 둘째, '수정·보완'은 생각도 안 했고, 셋째, 열린 자세로 다른 의견 존중 같은 건 없었다는 것이다. 윤석열 정부 핵심 정책인 감세도, 부동산도, 방향을 수정할 기회를 놓쳤으며, 투자 활성화, 소비 촉진 효과는 안 보이고, 막대한 세수 펑크만 두드러졌다는 평가이다. "문제의 존재 자체를 외면한 채 미루고 버티다 상황을 더 악화시키는 패턴을 반복하고 있다"는 지적이다.

이렇듯 보수 언론들마저 대통령의 독단적인 정부 운영을 비판하고 나서자 윤석열은 일종의 도피처로 극우 유튜버 방송에 빠져들었고, 알코올 중독에 빠졌다는 분석이 나왔다.

윤석열의 3중 중독은 권력 중독, 유튜브 중독, 알코올 중독을 말한다.

첫째, 권력 중독. 평생을 검사로 살아왔으니 마음먹으면 제압하지 못할 대상이 없다는 믿음과 검사 권력에 대한 강한 확신이다. 군 병력을 동원해 '범죄자'가 이끄는 야당을 제압하겠다는 발상은 권력 중독의 종착점이다.

이언 로버트슨은 《승자의 뇌》에서 이렇게 지적했다. "권력은 코카인과 같은 작용을 한다. 다른 사람에게 공감하지 않고 오만하게 만든다. 권력은 시야를 좁게 만든다."

둘째, 유튜브 중독. 유튜브에 중독되면 음모론이 지배하는 망상의 세계에 빠지게 돼 있다. 윤석열이 즐겨보는 극우 채널들은 부정선거 음모론 이전에 이태원 참사 음모론도 전개했다.

셋째, 알코올 중독. 김정하 중앙일보 논설위원은 "전두엽 기능이 저하되면 감정을 조절하지 못하고 툭하면 흥분하고 격노한다"면서 "나중에 증상이 심해지면 술을 안 마신 상태에서도 그렇게 된다"고 지적했다. "술로 인한 판단력 저하가 자신의 인생과 정권을 파멸로 몰고 갔다"는 진단이다.

물론 윤석열의 알코올 중독이 그의 내란죄에 대한 감경 사유가 될 수는 없다. 우리는 왜 이런 사람을 대통령으로 뽑았는지, 왜 위험한 정치인들을 가려낼 수 없었는지를 무겁게 받아들여야 한다.

5. 어록은 내란을 알고 있었다

윤석열 어록을 살펴보면 그가 왜 계엄을 선포했는지 그 이 유가 드러난다.

1. 부정식품 관련 발언 (2021년 7월 18일):

윤 대통령은 "먹으면 사람이 병 걸리고 죽는 거면 몰라도 부정식품이라면 없는 사람들은 그 아래 것도 선택할 수 있 게, 더 싸게 먹을 수 있게 해줘야 된다"고 언급하여, 안전하지 않은 식품의 유통을 허용하자는 것으로 해석되어 논란이 되 었다.

2. 120시간 근로제 발언 (2021년 7월 19일):

주 52시간 근로제에 대한 비판 중 "게임 하나 개발하려면

한 주에 52시간이 아니라 일주일에 120시간이라도 바짝 일하고, 이후에 마음껏 쉴 수 있어야 한다"고 말해 과도한 근로를 조장한다는 비판을 받았다.

3. 전두환 옹호 발언 (2021년 10월):

"전두환 대통령이 군사 쿠데타와 5·18만 빼면 정치는 잘했다는 분들이 많다"고 발언하여, 독재정권을 옹호한다는 비판을 받았다.

4. 비속어 사용 논란 (2022년 9월):

미국 방문 중 "국회에서 이 ××들이 승인 안 해주면 바이든은 쪽팔려서 어떡하나?"라는 발언이 포착되어 외교적 결례 논란이 일었다.

5. 이태원 참사 조작 가능성 언급 논란 (2023년 6월):

이태원 참사에 대해 '유도·조작 가능성'을 언급했다는 주장이 제기되어 피해자와 유가족들의 반발을 샀다.

6. 일본 사과 관련 발언 (2023년 3월 21일):

"일본은 이미 수십 차례에 걸쳐 우리에게 과거사 문제에 대해 반성과 사과를 표한 바 있다"라고 발언하여, 일본의 과거사 인식에 대한 비판을 무마하려 한다는 지적을 받았다.

7. "100년 전 일로 무조건 안 된다" 발언 (2023년 4월):

윤 대통령은 "100년 전의 일을 가지고 '무조건 안 된다', '무조건 무릎 꿇어라'고 하는 것은 받아들일 수 없다"고 말해, 과거사 문제에 대한 태도에 비판을 받았다.

8. '가물가물' 발언 논란 (2024년 12월):

최상목 경제수석이 건넨 쪽지에 대해 "가물가물하다"고 언급하여, 대통령의 기억력과 업무 파악 능력에 대한 우려를 낳았다.

9. "여자분들 점 보러 다니지만 나는 안 만난다" 발언 (2022년 1월):

무속 논란과 관련하여 "여자분들은 점 보러 다니지만, 나는 그런 사람 안 만난다"고 말해 성별 고정관념을 조장한다는 비판을 받았다. 정작 김건희는 무속에 빠져 있는데 말이다.

10. 'UAE의 적은 이란' 발언 논란 (2023년 1월):

아랍에미리트 방문 중 'UAE의 적은 이란'이라고 발언하여, 외교적 결례와 중동 외교에 대한 이해 부족으로 비판을 받았다.

11. 6월 민주항쟁과 부마항쟁 혼동 (2023년 6월):
민주화운동을 언급하면서 6월 민주항쟁과 부마항쟁을 혼동하여 역사 인식에 대한 비판을 받았다.

12. 강제징용 피해 제3자 변제 발언 (2023년 3월):
강제징용 피해자 배상 문제에 대해 제3자 변제를 언급하여 피해자들의 반발과 국민적 논란을 야기했다.

13. 노동조합 탄압 발언 (2023년 5월):
노동조합에 대한 강경 발언으로 노동계의 반발과 인권 침해 논란이 제기되었다.

14. '대통령은 영원한 권력' 발언 (2024년 7월):
'대통령은 영원한 권력'이라고 언급하여 권력 남용에 대한 우려와 비판을 받았다.

15. "언론은 통제되어야 한다" 발언 (2024년 9월):

언론의 자유를 제한하는 듯한 발언으로 언론계와 시민단체의 반발을 샀다.

16. "국민은 정부를 믿어야 한다" 발언 (2024년 11월):
정부에 대한 무조건적인 신뢰를 요구하는 듯한 발언으로 민주주의 원칙에 어긋난다는 비판을 받았다.

17. "야당은 국정의 방해물" 발언 (2024년 10월):
야당을 국정의 방해물로 지칭하여 정치적 중립성과 협치 정신에 어긋난다는 지적을 받았다.

18. "대통령은 법 위에 있다" 발언 (2024년 8월):
대통령이 법 위에 있다는 취지의 발언으로 법치주의 훼손 논란이 일었다.

19. "국민은 정부의 지시에 따라야 한다" 발언 (2024년 12월):
국민의 자율성을 무시하는 듯한 발언으로 비판받았다.

20. "대통령의 결정은 절대적이다" 발언 (2025년 1월):
대통령의 결정이 절대적이라는 발언으로 민주적 의사 결정

과정을 무시한다는 비판을 받았다.

이러한 윤석열 발언들은 국내외에서 다양한 비판과 논란을 불러왔다.

윤석열 어록은 내란을 알고 있었다.

- "좋아 빠르게 가." 대선후보 시절 윤석열은 이렇게 외쳤다. 공약을 시원하게 이행하겠다고 약속한 홍보 영상에서다. 윤석열은 정말 빠르게 감옥으로 갔다.
- "사람에게 충성하지 않는다." 윤석열이 검사 시절에 한 말이다. 실제로 윤석열은 대한민국 국민 5175만 명에게 충성하지 않았다. 유일하게 충성한 사람이 김건희였을 수도 있다.
- "경제는 대통령이 살리는 게 아니다." 실제로 그렇게 됐고, 윤석열이 망쳤다.
- "내부 총질이나 한다." 이준석을 두고 비난한 말이었지만 정작 윤석열은 국민들에게 총질했다.
- "특검을 왜 거부하나. 죄지었으니까 거부하는 거다. 진상을 밝히고 조사를 하면 감옥에 가기 때문에 못 하는 거

다." 이 말은 고스란히 윤석열 부부에게 돌려줘야 한다.

● "우리 남편은 바보다." 이건 대선 직전 김건희가 서울의 소리 기자에게 한 말이다.

최문선 한국일보 논설위원의 분석이다. 그는 "우리는 더 똑똑한 유권자여야 했다"면서 이렇게 조언했다. "그러나 좌절할 것 없다. 다음, 또 다음 선거에서 똑똑해지면 된다."

6. 경제는 왜 보수정권 때 더 나빴는가?

윤석열 정부 2년 8개월, 한국경제의 모든 지표가 무너져
내렸다. 양극화는 더욱 확대됐고, 부자 감세를 남발하면
서 국가부채는 늘고 경제 전반에 활력을 잃었다. 일자리를
잃은 청년들은 쉬고 있다. 어찌 된 일인가?

아래 내용은 민주노총과 슬로우뉴스가 공동 기획해 제작한
리포트(2024.12.09.)를 정리한 것이다. 리포트의 의미가 크고
남달라 싣는다. 첫 편은 경제.

[민주노총×슬로우뉴스 공동 기획 ①]
윤석열이 망친 것 :

경제: 1% 성장률 충격, 부자 감세에 나라 살림은 빚더미.

1. IMF도 아닌데 1% 성장률이라니.

2. 역대급 부자 감세.

3. 세금 86조 원 덜 걷었다.

4. 빚내서 나라 살림 막았다.

5. 살인적인 물가 상승률.

6. 실질임금 줄어든 건 처음.

7. 비정규직 노동자 비율도 역대 최고 수준.

8. 최저임금 인상률도 찔끔.

9. 일자리의 질도 떨어졌다.

10. 사람들이 돈을 안 쓴다.

11. 자영업자들이 무너지고 있다.

12. 수출도 기대하기 어렵다.

13. 원화 가치가 폭락하고 있다.

14. 한국만 주가가 빠졌다.

15. 가계 부채 감당할 수 있나.

16. 자살률도 다시 치솟고 있다.

17. 노인 빈곤율도 세계 최고 수준.

18. 실질 소득도 줄었다.

19. 소득 격차는 더욱 커졌다.

20. 임금 체불도 늘고 있다.

21. '작은 정부'의 비극.

22. 한국경제 성장 엔진이 꺼져가고 있다.

23. 청년들이 미래를 이야기하지 않는다.

24. 출산율도 바닥 수준.

25. 최악의 순간은 아직 오지 않았다.

● "윤석열은 한국의 GDP 킬러."

1. IMF도 아닌데 1% 성장률이라니.

● 1% 미만 성장률은 지금까지 네 차례 있었다. 1980년 오
일 쇼크와 1998년 IMF 외환위기, 2008년 글로벌 금융위
기, 그리고 2020년 코로나 팬데믹 등이다.

● 그리고 다섯 번째가 윤석열 정부다. 한국은행은 2025년
과 2026년 성장률을 각각 1.9%와 1.8%로 전망했다. 구
조적 불황이 시작된다는 이야기다.

● 자칫하면 일본처럼 잃어버린 30년으로 가는 것 아니냐는
우려도 나온다.

● 검찰총장 출신의 정치 문외한 윤석열이 집권했던 2022
년 5월, 한국경제는 코로나 팬데믹을 막 빠져나온 상태
였다. 돈을 풀고 경제를 살려야 할 시점에 윤석열은 건전
재정이라는 구호를 내걸고 정부 지출을 틀어쥐었다. 내

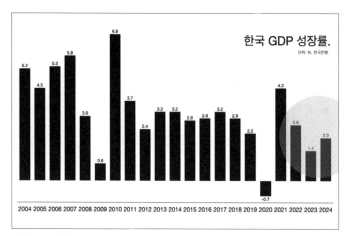

출처 : <슬로우뉴스>, 2024.12.09

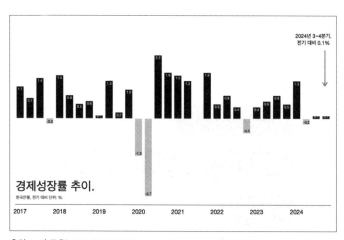

출처 : <슬로우뉴스>, 2024.12.09

수가 죽고 물가가 오르는 상황에서 최악의 선택이었다.

2. 역대급 부자 감세.

● 윤석열 정부가 3년 동안 깎아준 세금이 97조 원에 이른다. 고소득자들에게 35조 원을 깎아줬고 대기업에 깎아준 세금도 21조 원에 이른다.

● 부자들에게 상속증여세를 깎아줬고 기업에는 법인세 세율을 낮추고 과표 구간을 높여서 통 크게 줄여줬다. 2년 유예했다가 2025년부터 시행하기로 했던 금융투자소득세는 아예 폐지했다.

● 그 결과 낙수 효과는커녕 부자들과 대기업들이 떡고물을

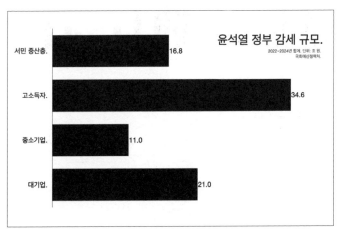

출처 : 〈슬로우뉴스〉, 2024.12.09

나눠 가졌고 정부는 빚더미에 올라앉았다.

3. 세금 86조 원 덜 걷었다.

● 이러고도 나라가 굴러가는지 의심스러울 지경이다.

● 2023년 세수 펑크가 56조 원, 2024년은 30조 원에 이를
  전망이다. 애초에 예산도 줄여 잡기도 했지만 적게 잡은
  예산보다 더 적게 거뒀다.

● 법인세와 양도소득세가 각각 15조 원과 6조 원씩 펑크 났
  다. 역대급 감세인 데다 역대급 세수 예측 실패다.

● 2024년 8월 기준으로 통합재정수지는 53조 원 적자, 관
  리재정수지는 84조 원 적자다.

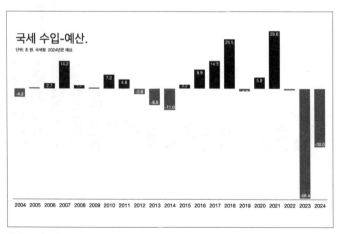

국세 수입-예산.
단위: 조 원. 국세청. 2024년은 예상.

출처 : 〈슬로우뉴스〉, 2024.12.09

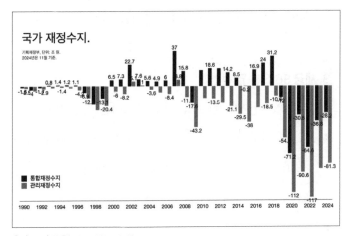

출처 : <슬로우뉴스>, 2024.12.09

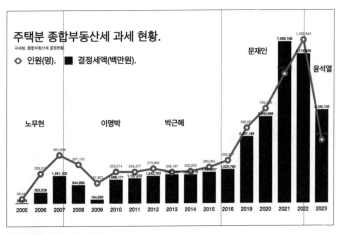

출처 : <슬로우뉴스>, 2024.12.09

- GDP 대비 관리재정수지 적자 비율은 2022년 -5.4%, 2023 년 -3.9%로 이미 재정 준칙 기준을 넘어섰다. GDP 대비 3%를 넘지 않도록 하겠다는 목표는 깨진 지 오래다.
- 소득세도 줄고 법인세도 줄었다.
- 2022년과 비교하면 각각 13조 원과 23조 원, 합계 36조 원이 줄어들었다.
- 종합부동산세는 2021년 대비 반토막이 났다. 종부세 납 부 대상자는 3분의 1로 줄었다.

4. 빚내서 나라 살림 막았다.

- 국가 채무가 1000조 원이 넘고 GDP 대비 국가 채무가

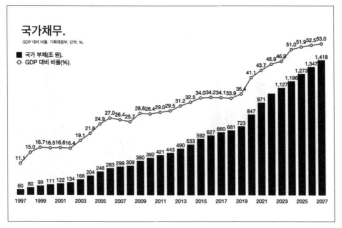

출처 : 〈슬로우뉴스〉, 2024.12.09

50%를 넘어선 것도 처음이다.

● 꾸준히 오르는 추세였고 코로나 팬데믹 이후 급증하긴 했지만 윤석열 정부 들어 속도가 빨라졌다. 앞에서는 건전 재정을 외치면서 뒤로는 빚을 늘려 급한 불을 껐다.

● 윤석열 정부가 공공자금관리기금에서 끌어다 쓴 돈이 220조 원이 넘는다. 공적 기금을 마이너스 통장처럼 쓴다는 말도 나왔다. 연쇄적인 기금 손실로 이어지는 것 아니냐는 우려도 나온다.

5. 살인적인 물가 상승률.

● 경제 성장률은 정체 상태인데 물가는 미친 듯이 올랐다.

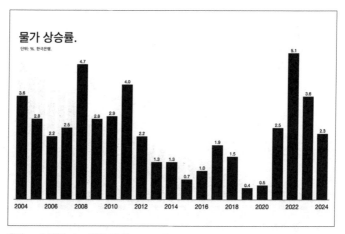

출처 : <슬로우뉴스>, 2024. 12. 09

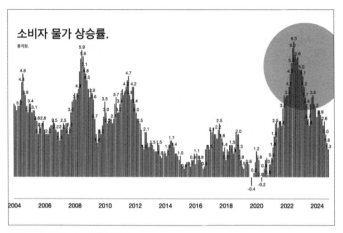

출처 : 〈슬로우뉴스〉, 2024.12.09

- 문재인 정부 5년보다 윤석열 정부 2년 동안 더 올랐다.

6. 실질임금 줄어든 건 처음.

- 실질임금은 2021년 359.9만 원을 찍고 3년 연속 줄었다. 임금 상승률이 물가 상승률을 못 따라간다는 의미다.

- 2024년 상반기 기준으로 354.3만 원이다. 2023년 상반 기와 비교하면 명목 임금은 2.4% 늘었지만 실질임금은 0.4% 줄었다.

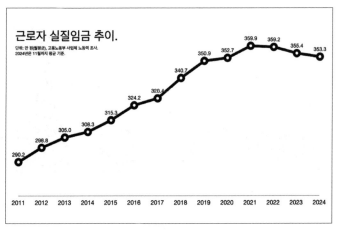

근로자 실질임금 추이.

단위: 만 원(월평균), 고용노동부 사업체 노동력 조사.
2024년은 11월까지 평균 기준.

290.2 298.8 305.0 308.3 315.3 324.2 320.4 340.7 350.9 352.7 359.9 359.2 355.4 353.3

2011 2012 2013 2014 2015 2016 2017 2018 2019 2020 2021 2022 2023 2024

출처 : <슬로우뉴스>, 2024.12.09

7. 비정규직 노동자 비율도 역대 최고 수준.

● 코로나 팬데믹 직후인 2021년 38.4%를 찍은 데 이어
  2023년 37%까지 줄었지만 2024년 들어 8월 기준으로
  38.2%까지 올랐다.

● 풀타임 노동자 비율은 74.8%로 역대 최저 수준이다.

8. 최저임금 인상률도 찔끔.

● 코로나 팬데믹 때 1.5% 인상한 적은 있었지만 위기 상황
  이 아닌데도 2024년은 2.5%, 내년은 1.7%에 그쳤다.

● 생계비는커녕 물가 상승률에도 미치지 못하는 인상률이다.

48

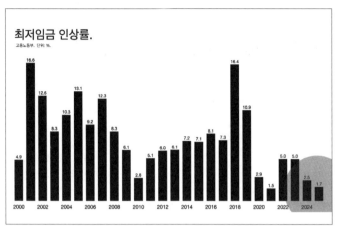

최저임금 인상률.
고용노동부, 단위: %.

출처 : <슬로우뉴스>, 2024.12.09

9. 일자리의 질도 떨어졌다.

● 15시간 미만 초단시간 근로자가 180만 명으로 전체 취업
자의 6.2%까지 늘었다. 36시간 이상 풀 타임 근로자 비
중이 74.8%까지 줄었다. 역대 가장 낮은 수준이다.

● 20대와 30대만 놓고 보면 풀 타임 근로자가 계속 줄고 있다.

10. 사람들이 돈을 안 쓴다.

● 소득이 줄고 물가는 오르니 당연한 결과다.

● 소비자 물가 지수는 윤석열 정부 출범 이후 10개월 연속
마이너스를 기록하고 있다.

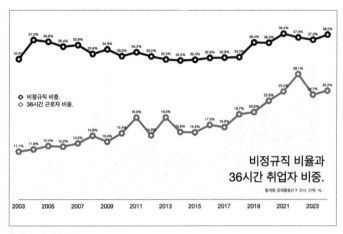

출처 : <슬로우뉴스>, 2024.12.09

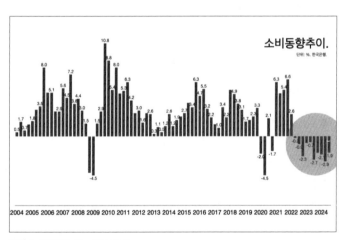

출처 : <슬로우뉴스>, 2024.12.09

11. 자영업자들이 무너지고 있다.

● 자영업자 비중이 20%를 밑돈 것도 처음이다. 경제 성장
  률이 둔화하고 소득이 줄고 사람들이 돈을 쓰지 않으니
  자영업 생태계가 무너지고 있다.

● 2024년 8월까지 평균 564만 명. 전체 취업자 가운데
  19.7%다.

● 2002년 612만 명에서 줄기도 했지만 전체 취업자가 2223
  만 명에서 2854만 명으로 늘어난 효과도 있다. 분모가
  커졌다.

● 자영업자 59.2%가 평균 1억7500만 원의 빚을 졌다. 자영

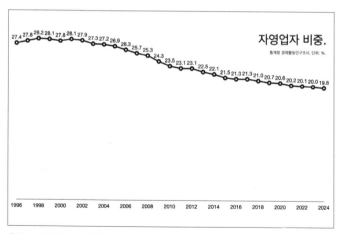

출처 : <슬로우뉴스>, 2024.12.09

업자 연체율은 지난해 0.47%에서 2024년 6월 1.0%로 올랐다.

12. 수출도 기대하기 어렵다.

● 제조업 체감 경기가 바닥을 치고 있다.

● 수출은 14개월 연속 늘었지만 증가율이 둔화하고 있다. 한국은행은 2024년 수출 증가율을 6.3%로 낮춰 잡았다. 2025년은 1.5%로 예상한다.

● 한국 대표 기업인 삼성전자는 한때 시가총액 600조 원을 넘보다가 300조 원 수준으로 쪼그라들었다. 2025년 전망도 불확실하다.

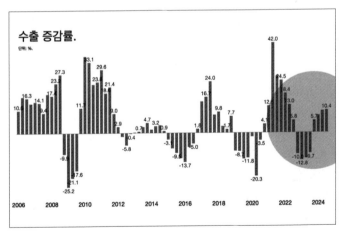

출처 : 〈슬로우뉴스〉, 2024.12.09

13. 원화 가치가 폭락하고 있다.

● 원-달러 환율이 1400원을 넘어선 건 세 차례다. 처음은 IMF 외환위기고, 두 번째는 2008년 글로벌 금융위기다. 그리고 세 번째가 윤석열 정부다.

● 환율이 오른다는 건 원화 가치가 떨어진다는 의미다. 2024년 5월 기준으로 한국의 실효 환율 지수는 95.2. 64개국 가운데 56위다. 통화 가치 하락이 다른 나라들보다 크다는 의미다.

● 환율 급등은 한국 경제의 펀더멘털을 복합적으로 반영한 결과다. 수출이 줄고 경쟁력이 떨어지고 외국인 투자자들이 빠져나가면서 원화 가치가 급락하고 있다. 수입 물가가 더 오르고 살림살이는 더 어려워진다. 관리 가능한 수준을 넘어 시스템 위기에 준하는 비상 상황이라는 우려도 나온다.

14. 한국만 주가가 빠졌다.

● 2020년 1월 주가를 100으로 놓고 S&P500과 나스닥 지수는 각각 187과 212까지 올랐는데 한국 코스피와 코스닥은 각각 118과 107에 그쳤다.

● 윤석열이 주식시장 밸류업 프로젝트를 내놓았지만 정작

코리아 디스카운트를 해소하기에 부족했다는 평가가 지배적이다.

15. 가계 부채 감당할 수 있나.

● 정부도 빚이 많지만 가계부채도 심각한 수준이다. 2024년 2분기 기준으로 1896조 원, 2024년 안에 2000조 원을 넘길 거라는 전망도 나온다.

● GDP 대비 가계 부채 비율은 2023년 말 기준으로 84.4%, 여기에 전세 보증금을 포함하면 150%가 넘는다는 분석도 있다. 국민은 '영끌'에 올인하고 정부는 '영혼 없는' 관리를 하고 있다는 지적도 나온다.

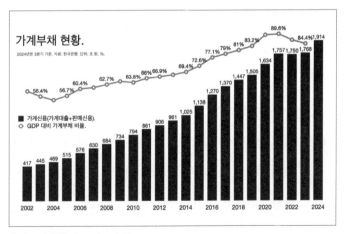

가계부채 현황.

2024년은 3분기 기준. 자료: 한국은행. 단위: 조 원, %.

■ 가계신용(가계대출+판매신용).
○ GDP 대비 가계부채 비율.

연도	가계신용	GDP 대비 비율
2002	417	56.4%
	445	
2004	469	56.7%
	515	
2006	576	60.4%
	630	
2008	684	62.7%
	734	
2010	794	63.8%
	861	66%
2012	906	66.9%
	961	
2014	1,025	69.4%
	1,138	72.6%
2016	1,270	77.1%
	1,370	79%
2018	1,447	81%
	1,505	83.2%
2020	1,634	89.6%
	1,757	
2022	1,750	84.4%
	1,768	
2024	1,914	

출처 : 〈슬로우뉴스〉, 2024.12.09

16. 자살률도 다시 치솟고 있다.

● 10만 명당 자살률이 2022년 25.2명까지 떨어졌다가 2023년 27.3명으로 8.3% 늘었다. 9년 만에 가장 높은 수준이다.

● 2024년은 2011년 수준을 넘어설 거라는 전망이 나온다. 7월 기준으로 누계 8777명, 지난해 같은 기간 8255명을 넘어선 상태다.

● 한국의 노인 자살률은 세계 최고 수준이다.

17. 노인 빈곤율도 세계 최고 수준.

● 노인들의 상대적 빈곤율은 2011년 56.9%에서 2022년

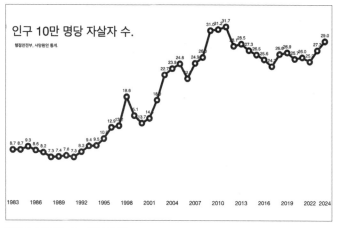

인구 10만 명당 자살자 수.

행정안전부, 사망원인 통계.

출처 : 〈슬로우뉴스〉, 2024.12.09

57.1%로 늘었다.

- 2023년 기준으로 66세 이상 노인의 40%가 빈곤 상태다.
  OECD 회원국 가운데 압도적인 1위다.

- 라트비아(32.3%)나 에스토니아(34.6%)보다 높다.

- 연금도 빈약하지만 수급 계층이 많지 않다. 노인들 자살
  률도 높다.

18. 실질 소득도 줄었다.

- 물가를 감안한 실질소득은 오히려 2021년 수준에도 못
  미친다. 특히 2024년 2분기 가계 소득은 0.8%나 줄었다.
  소득이 줄어드니 내수 회복이 지연되고 경기 침체가 계
  속되는 악순환에 빠져 있다는 이야기다.

- 실질소득은 2023년 2분기 전년 대비 3.9% 줄어든 데 이
  어 계속 정체 상태다. 2024년 1분기는 -1.6%를 기록했고
  3분기 들어 2.3% 늘었지만 2023년 기저효과일 가능성이
  크다.

19. 소득 격차는 더욱 커졌다.

- 2024년 3분기 기준으로 소득 하위 20%(1분위)는 지출의
  30%를 밥값에 쓴다. 상위 20%는 18% 정도다.

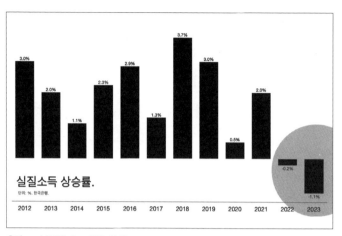

실질소득 상승률.
단위: %, 한국은행.

| 2012 | 2013 | 2014 | 2015 | 2016 | 2017 | 2018 | 2019 | 2020 | 2021 | 2022 | 2023 |

3.0% 2.0% 1.1% 2.3% 2.9% 1.3% 3.7% 3.0% 0.5% 2.0% -0.2% -1.1%

출처 : 〈슬로우뉴스〉, 2024.12.09

- 소득 1분위는 월 33만 원의 적자가 나고 5분위는 394만 원의 흑자가 난다.
- 소득 5분위 배율은 2020년 2분기 8.3배까지 낮아지기도 했지만, 2024년 3분기 9.3배까지 늘어났다.

20. 임금 체불도 늘고 있다.

- 2024년 임금체불액은 사상 처음으로 2조 원을 넘을 전망이다.
- 이미 2024년 7월까지 체불액이 2023년(1조 7846억 원)의 70% 수준에 달했다.

21. '작은 정부'의 비극.

● 한국의 GDP 대비 정부 지출 비중은 26%, OECD 평균 46%의 절반 수준이다.

● 2023년에는 연구개발 투자 예산을 무더기로 삭감했다가 복구하기도 했다.

● 한국경제가 저부담-저예산-저복지의 악순환에 빠져 있다는 지적도 나온다. 정부가 돈을 풀지 않으니 양극화가 심화하고 경제의 역동성이 떨어진다. 가처분소득의 불평등 개선 정도가 OECD에서 가장 낮다는 평가를 받는다.

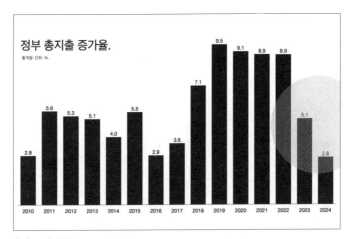

정부 총지출 증가율.
통계청· 단위: %.

출처 : <슬로우뉴스>, 2024.12.09

22. 한국경제 성장 엔진이 꺼져가고 있다.

● 수출과 내수, 재정 모두 최악의 상황이다.

● 잠재 성장률은 2.0%로 떨어졌다. 2025년에는 1%대로 떨어질 거라는 전망도 나온다. 잠재 성장률은 한 나라의 노동·자본·자원 등 모든 생산요소를 동원하면서도 물가 급등 없이 달성할 수 있는 최대 생산 수준인 잠재 GDP 증가율을 말한다.

● 한국의 잠재 성장률이 미국에 뒤처진 것도 처음이다. 저출산 고령화가 본격화하면서 경제의 역동성이 떨어지고 구조적인 저성장 국면에 접어들고 있다.

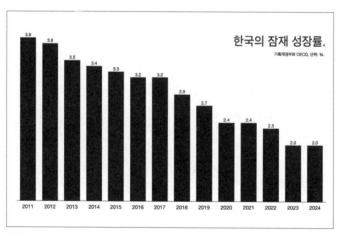

출처 : 〈슬로우뉴스〉, 2024.12.09

23. 청년들이 미래를 이야기하지 않는다.

● 통계청 경제활동인구 조사에서 '그냥 쉬었다'고 답변한 15~29세 청년이 2024년 들어 10월까지 평균 42만 명이나 됐다. 2023년 같은 기간보다 3.4% 늘었다.

● 1년 이상 쉬었다는 청년이 2020년 38.9%에서 45.7%로 늘었다. 3년 이상 쉬었다는 비중도 21.0%로 늘었다.

● 65세 이상 취업자 수가 15~29세 취업자 수를 넘어선 것도 처음이다. 고령층 인구가 늘어나기도 했지만 노인 빈곤율과도 무관하지 않다. 전체 취업자 가운데 60세 이상 비중이 23.4%로 역시 역대 최고 수준이고 OECD 회원국 가운데 압도적인 1위다. 한국은 늙어가고 있다.

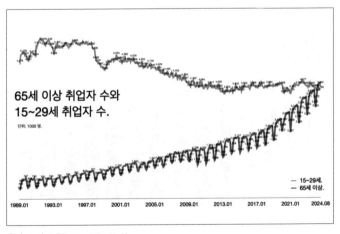

65세 이상 취업자 수와
15~29세 취업자 수.

단위: 1000 명.

— 15~29세.
— 65세 이상.

1989.01 1993.01 1997.01 2001.01 2005.01 2009.01 2013.01 2017.01 2021.01 2024.08

출처 : <슬로우뉴스>, 2024.12.09

24. 출산율도 바닥 수준.

● 출생아 수와 혼인 건수 역시 바닥 수준이다.

● 출생아 수는 월 2만 명 수준으로 줄었고 혼인 건수는 1만 5000명 수준으로 줄었다. 바닥을 쳤다는 관측도 있지만, 여전히 역대 최저 수준이다.

● 합계 출산율은 2021년 0.81명에서 2022년 0.78명, 2023년 0.72명에 이어 2024년은 0.74명을 기록할 전망이다.

● 저출산고령화위원회가 25~49세 시민들을 대상으로 조사한 결과, 자녀가 있어야 한다는 답변이 61%였는데 25~29세 여성들은 이 비율이 34%에 그쳤다.

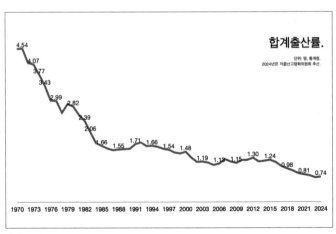

출처 : <슬로우뉴스>, 2024.12.09

25. 최악의 순간은 아직 오지 않았다.

● 세계적으로 민주주의의 모델이었던 한국은 최악의 위기
   를 맞고 있다.

● 경제심리지수(ESI)는 2022년 7월 이후 한 번도 100을 넘은
   적이 없다. 100 미만이면 더 안 좋아질 거라고 본다는 의
   미다. 윤석열 정부 출범과 정확하게 맞물리는 추세다.

"윤석열은 한국의 GDP 킬러."

● 윤석열은 재벌 개혁에 아무런 관심이 없었고 경제력 집
   중과 과도한 수출 의존, 사상 최고 수준의 가계 부채를
   방치했다. 구조 개혁은커녕 한국경제의 고질적인 문제
   를 방치했다.

● 경제 주간지 〈포브스〉는 "코리아 디스카운트를 주장하
   는 투자자들이 옳다는 걸 윤석열이 보여줬다"고 평가했
   다.

● "진짜 문제는 지금부터다. 만성적인 안일함은 한국경제
   의 오랜 과제였다. 윤석열의 비상계엄은 한국경제가 앞
   으로 닥칠 위기에 신속하게 대처할 거라는 마지막 기대
   를 걷어찼다.

● 컨설팅 업체 유라시아그룹은 "한국의 정치적 마비는 이

미 성장 둔화로 어려움을 겪는 경제에 타격을 줄 것"이라고 경고했다. 차루 차나나(삭소마켓츠 투자전략가)는 "코리아 디스카운트가 더 오래갈 수 있다"고 지적했다.

● 분명한 것은 한국경제의 가장 큰 리스크가 윤석열이라는 사실이다. 지금도 위기지만 시간이 지날수록 비가역적인 손실을 초래할 가능성이 크다. 민주주의가 경제고 탄핵이 민생이다. 하루라도 빨리 윤석열을 끌어내려야 고통을 줄일 수 있다.

7. '김'이 곧 국가였다

손바닥에 '王'자 쓰고 나올 때부터 알아봤어야 했다.

아래 내용은 민주노총과 슬로우뉴스가 공동 기획해 제작한 두 번째 리포트(2024.12.14.)를 정리한 것이다.

[민주노총×슬로우뉴스 공동기획 ②]

윤석열 정부 몰락의 27가지 장면

손바닥에 '王'자 쓰고 나올 때부터 알아봤어야 했다... 탄핵과 구속 이후 풀어야 할 과제들.

1. 고속도로는 왜 휘었나.

2. 재벌 총수들과 폭탄주 파티, 엑스포는 참패.

3. 바이든-날리면 논란, 애꿎은 MBC만 두들겨 팼다.

4. "이게 나라냐", 이태원에서 확인한 정부의 부재.

5. 아낌없이 퍼주고 농락당한 굴욕 외교.

6. 눈 떠보니 후진국, 국제 망신 잼버리.

7. 군인의 명예로운 죽음을 누가 모욕했나.

8. 윤석열의 아킬레스건, 도이치모터스 주가 조작 사건.

9. 디올 백을 왜 디올 백이라 말 못 하고.

10. 김건희 지인 찬스로 몰아준 수상쩍은 수의 계약.

11. 철 지난 이념 논쟁 부른 홍범도 흉상 철거 논란.

12. "중요한 건 일본의 마음", 딴 세상 역사관.

13. '건폭' 몰이로 시작된 윤석열의 폭주.

14. R&D 예산 삭감과 카이스트 입틀막 사건.

15. 정권 몰락을 부추긴 의대 정원 확대.

16. '대파 게이트'와 '벌거벗은 임금님'의 악몽.

17. 김건희-한동훈 '읽씹' 논란으로 보는 파멸의 징후.

18. 윤핵관도 못 건드린다던 김건희의 '칠상시'.

19. 검사 위에 여사, "김이 곧 국가"였다.

20. 마약 수사 외압 사건, 아직 수사는 시작도 안 했다.

21. 언론 때려잡으면서 성공한 정부 없다.

22. 윤석열 검사의 부산저축은행 수사 무마 사건.

23. 윤석열 폭주를 부른 명태균 게이트.

24. 막말과 궤변, 내란은 예고돼 있었다.

25. 술 마신 다음날 가짜 출근? '뻥카'가 일상이었다.

26. 왕처럼 행동했던 '59분 대통령'.

27. 자리 지키려 전쟁이라도 일으킬 생각이었나.

● 이제는 무너진 민주주의를 복원해야 할 때.

1. 고속도로는 왜 휘었나.

● 결국 서울-양평고속도로는 삽도 못 떴다.

● 고속도로가 휘었는데 알고 보니 김건희 땅이 있었다. 윤
   석열 정부 출범 직후 벌어진 일이다.

● 서울-양평 고속도로는 2021년 4월에 예비 타당성 조사를
   통과했다. 윤석열 당선은 2022년 3월 10일, 취임은 2022
   년 5월 10일인데 5월 24일 개편안이 등장했다.

● 원희룡(당시 국토교통부 장관)이 정치 공세라며 백지화를 선언
   했고 아직 방치된 상태다.

2. 재벌 총수들과 폭탄주 파티, 엑스포는 참패.

● 부산 엑스포 유치 실패는 윤석열 정부의 실력을 보여준
   사건이었다. "박빙의 승부"라며 재벌 총수들을 끌고 세

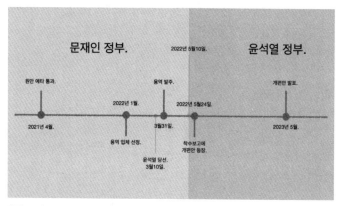

출처 : 〈슬로우뉴스〉, 2024.12.09

일즈 외교를 다녔지만 뚜껑을 열어보니 사우디아라비아 리야드가 119표, 한국 부산은 29표에 그쳤다.

● "현실과 동떨어진 희망 고문이었다"는 비판도 있었지만 더 큰 문제는 정보력의 실패였다.

● 엑스포 유치에 들어간 예산이 2년 동안 5744억 원이었다.

● 최종 발표를 사흘 앞두고 프랑스 파리에서 재벌 총수들과 폭탄주 회식을 한 사실도 논란이 됐다.

3. 바이든-날리면 논란, 애꿎은 MBC만 두들겨 팼다.

● "(미국) 국회에서 이 새끼들이 승인 안 해주면 바이든은 쪽

팔려서 어떡하나.”

● 윤석열이 2022년 9월 미국 방문 도중 회의 직후 한 말이
   방송을 탔다. 대통령실은 “바이든이 아니라 날리면이었
   다”고 반박했고 외교통상부는 MBC를 상대로 소송을 걸
   었다. “국익을 자해하고 있다”는 말까지 나왔다.

● MBC 기자를 전용기에 타지 못하도록 했고 “뭐가 악의적
   이냐”는 MBC 기자의 질문이 무례하다며 도어 스태핑을
   중단했다.

● 윤석열은 정작 ‘새끼들’ 발언을 사과하지 않았다. ‘바이든’
   이라면 미국 의회가 ‘새끼들’이 되고 ‘날리면’이라면 한국
   국회가 ‘새끼들’이 된다.

출처 : 〈슬로우뉴스〉, 2024.12.09

4. "이게 나라냐", 이태원에서 확인한 정부의 부재.

● 159명이 죽었다. 세월호 때와 달라진 게 하나도 없다는
  말이 나왔다.

● 이상민(당시 행정안전부 장관)을 문책해야 한다는 요구에 윤석
  열이 이런 말을 했다. "책임이라고 하는 것은, 있는 사람
  한테 딱딱 물어야 되는 것이지, 그냥 막연하게 다 책임져
  라, 그것은 현대 사회에서 있을 수 없는 일이다."

● 김진표(당시 국회의장)를 만난 자리에서는 "특정 세력에 의
  해 유도되고 조작된 사건일 가능성도 배제할 수 없다"고
  말했다고 한다. 이때부터 망상이 심각한 수준이라는 걸

알아차렸어야 했지만, 김진표도 의장에서 물러난 뒤에
야 공개한 사실이다.

● 이진숙(방송통신위원회 위원장)은 "이태원 참사는 좌파가 배
후"라고 주장하기도 했다.

● '정부가 없다'를 쓴 정혜승(전 청와대 디지털소통센터장)은 네 가
지를 못했다고 지적했다. 첫째, 정부는 역할과 책임을 부
정했고 둘째, 수사만 하고 조사는 없었다. 셋째, 피해자
들의 연대를 방해했고 넷째, 피해자들을 방치했다.

5. 아낌없이 퍼주고 농락당한 굴욕 외교.

● 윤석열이 최대 성과라고 자화자찬하는 한일 관계는 참담
하기 짝이 없다.

● 첫째, 강제 동원 피해자 보상을 3자 변제 방식으로 하자
는 일본의 제안을 받아들였다. 미쓰비시 등 피고 기업들
은 배상 책임에서 빠졌고 일본 정부의 사과도 없었다.

● 둘째, 일본 니가타현의 사도광산을 유네스코 문화유산에
등재하는 과정에서 강제 동원의 역사를 삭제하는 데 합
의했다. 박물관 한구석에 조선인 노동자 전시실을 만든
게 성의 표시의 전부였다. 전쟁 범죄의 흑역사를 묵인해
줬다는 비판이 쏟아졌다.

출처 : <슬로우뉴스>, 2024.12.14

- 셋째, 오염수 방류도 허용했다. 7년이 걸릴 거라 했다가 30년으로 늘었다가 "적어도 30년"으로 다시 늘었는데 언제 끝날지 알 수 없는 상황이란 말도 나왔다. 오염수는 일본이 방류하는데 한국 정부가 국민들 세금으로 오염수는 안전하다는 홍보 영상을 내보낸 것도 논란이 됐다.
- 강제 동원 피해자의 아들 정종건이 이런 말을 했다. "나라 없이 억울하게 끌려가 일했는데 나라가 있는데도 억울하다."

6. 눈 떠보니 후진국, 국제 망신 잼버리.

● 새만금 갯벌 매립지에 4만 명이 텐트를 쳤는데 땀이 비 오듯 쏟아지고 열사병이 속출했다.

● 세계스카우트연맹은 정부의 과도한 개입 때문에 실패했다고 지적했다.

● "부끄러움과 참담함은 왜 늘 시민의 몫이어야 하냐"는 말이 나올 정도였다.

● 결국 부랴부랴 조기 폐막과 함께 K팝 콘서트를 급조했고 아이돌 그룹을 동원해 '국풍 2023' 관제 행사로 마무리했다. 김순덕(동아일보 논설위원)이 "긴 트라우마로 남을 것 같다"고 평가했다.

● 국정 조사와 함께 책임자 문책이 필요하다는 지적도 있었지만 윤석열은 "무난하게 마무리됐다"고 말하고 넘어갔다.

7. 군인의 명예로운 죽음을 누가 모욕했나.

● 경북 예천 수해 현장에서 수색 작업에 나섰던 해병대 대원이 급류에 휩쓸려 죽었다.

● 그런데 수사결과를 받아본 윤석열이 격노했고 갑자기 수사결과가 뒤집혔다. 임성근(당시 사단장)의 책임이 크다

고 주장한 박정훈(수사단장)이 애꿎은 항명죄로 재판을 받았다.

● 알고 보니 임성근이 김건희 주가 조작 사건의 '선수'였던 이종호(블랙펄인베스트먼트 대표)와 골프치는 사이였고 이종호가 "내가 VIP에게 이야기할 테니 사표 내지 말라 했다"고 말한 사실이 확인됐다.

● 그 VIP가 윤석열인지 김건희인지는 확인되지 않았다. 이종호의 허세였을 수도 있지만 윤석열이 왜 그렇게 임성근을 감싸고 돌았는지 밝혀지지 않는 의문이 있다.

● 이종섭(당시 국방부 장관)에게 전화를 걸었던 사람이 김건희라는 의혹도 있었다. 윤석열이 휴가 중이었고 발신 기지국은 한남동이었다.

● 채 상병 특검법이 세 차례 발의됐지만 모두 윤석열이 거부권을 행사했다. 윤석열 탄핵과 별개로 이 사건은 원점부터 다시 조사해야 한다.

● 중앙지역군사법원은 2025년 1월 9일 박정훈 전 해병대 수사단장(대령)에 대한 1심 선고 공판에서 무죄를 선고했다.

8. 윤석열의 아킬레스건, 도이치모터스 주가 조작 사건.

● 윤석열은 도이치모터스 주가 조작 사건이 거론될 때마

다 "지난 정부에서 탈탈 털었지만 나온 게 없다"고 주장했다.

- 사실이 아니다. 수사팀이 꾸려진 건 2021년 8월이고 권오수(도이치모터스 회장)가 구속된 건 2021년 11월이다. 윤석열이 대선 출마를 선언하면서 수사가 중단됐다.

- 이 사건은 사실관계가 상당 부분 확인돼 있다. 이종호는 "윤석열과 김건희 결혼 이후 김건희에게 연락한 적 없다"고 했지만 사실이 아니었다. 주가 조작 사건 수사가 시작되자 36차례에 걸쳐 문자 또는 전화를 주고받았다.

- 김건희와 최은순(윤석열 장모)은 도이치모터스 주식 거래로 22억 원 상당의 이익을 챙겼다. 증권사 직원이 "2650원이 될 때까지 매수하겠다"고 보고하자 김건희가 "알겠다"고 말한 정황도 확인됐다. 윤석열은 "손실만 봤다"고 주장했는데 알고도 거짓말을 했다면 허위 사실 공표가 된다.

- '주포'가 '선수'에게 "12시에 3300에 8만 개 때려 달라 해주셈"이라는 문자 메시지를 보낸 뒤 김건희의 계좌에서 8만 주 매도 주문이 나간 사실도 확인됐다. 미리 말을 맞췄을 가능성이 크다.

- 김건희는 전주로 가담했다는 의혹을 받고 있지만 기소조

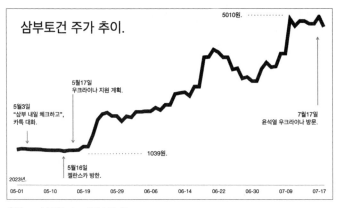

삼부토건 주가 추이.

5010원.

5월17일
우크라이나 지원 계획.

5월3일
"삼부 내일 체크하고",
카톡 대화.

7월17일
윤석열 우크라이나 방문.

1039원.

5월16일
젤렌스카 방한.

2023년.

05-01 05-10 05-19 05-29 06-06 06-14 06-22 06-30 07-09 07-17

출처 : <슬로우뉴스>, 2024.12.09

차 되지 않았다. 검찰은 결국 무혐의 처리했다.

● 2023년 5월 올레나 젤렌스카(우크라이나 대통령 부인)가 한국
을 방문했다. 그리고 다음날 윤석열이 우크라이나 재건
지원 계획을 발표했다. 이틀 뒤부터 삼부토건 주가가 치
솟기 시작해 윤석열이 우크라이나를 방문하기까지 주가
가 무려 네 배 이상 치솟았다.

● 삼부토건은 윤석열과 특별한 관계다. 조남욱(삼부토건 회장)
은 15년 동안 윤석열에게 명절 선물을 보냈다. 조남욱에
게 골프 접대를 받은 정황도 있다. 김건희와 최은순과도
가까운 사이라고 알려졌다.

9. 디올 백을 왜 디올 백이라 말 못 하고.

● 최재영(목사)이 김건희에게 준 뇌물은 세 차례다. 첫째, 180만 원 상당의 샤넬 향수와 화장품. 둘째, 40만 원짜리 위스키와 책 8권. 셋째, 300만 원 상당 디올 백 등 대략 520만 원어치다.

● 공직자의 배우자는 부정 청탁 금지법의 처벌 대상이 아니지만 알선수재나 변호사법 위반, 뇌물죄를 적용할 수 있다.

● 검찰은 최재영과 윤석열이 직무 관련성이 없다고 판단했는데 최재영은 청탁했다고 자백하고 있다.

● 국민권익위가 문제없다는 결정을 내린 뒤 국민권익위 과장이 스스로 목숨을 끊기도 했다. "양심에 반해 괴롭다"는 내용의 유서를 남겼다.

● 조국(전 조국혁신당 대표)과도 비교된다. 조국은 딸이 받은 장학금이 청탁금지법 위반이라며 유죄 선고를 받았다. 다른 혐의들과 함께 징역 2년이 확정돼 수감된 상황이다.

● KBS와 신년 대담에서 박장범(당시 KBS 앵커)이 "외국 회사의 조그만 파우치"라고 말한 것도 논란이 됐다. 박장범은 KBS 사장으로 임명됐다.

10. 김건희 지인 찬스로 몰아준 수상쩍은 수의 계약.

● 하루라도 청와대에서 잘 수 없다며 관저를 옮긴 이유도 앞으로 밝혀져야겠지만 일단 수상쩍은 돈의 흐름이 있었다.

● 김건희가 대표로 있었던 코바나컨텐츠의 행사 후원사로 참여했던 21그램이란 업체가 관저 리모델링 공사를 수의계약으로 따냈는데 입찰 공고 이후 낙찰까지 세 시간도 걸리지 않았다. 종합 건축업 면허가 필요했는데 자격도 안 됐고 공사비가 12억 원에서 30억 원으로 뛰어올랐는데 정작 준공 검사도 제대로 받지 않았다.

● 감사원이 1년 8개월 동안 감사를 하고도 이 업체를 누가 추천했는지 밝히지 못했다.

● 윤석열의 검찰 선배라는 인사가 이런 말을 했다. "김건희가 도배지나 수도꼭지를 고르는 건 문제 될 게 없다. 그러나 만약 국가 예산이 투입된 관저 공사의 업체 선정, 수의계약 등에 관여했다면 국정농단 행위가 될 수 있다. 그럴 법적 권한이 없기 때문이다. 과거 최순실도 권한이 없는데 국정에 관여했다가 처벌받은 것 아닌가."

11. 철 지난 이념 논쟁 부른 홍범도 흉상 철거 논란.

● 육군사관학교가 뜬금없이 독립운동가들의 흉상을 없애고 간도특설대 장교를 지낸 백선엽 흉상을 설치하겠다고 나선 것도 징후적 사건이었다. 이종섭(당시 국방부 장관)이 "공산 세력과 싸울 간부를 양성하는 육사에 공산주의 경력이 있는 사람이 있어야 하겠느냐는 지적이 있었다"고 말했다.

● 홍범도 흉상 철거는 나종남(육사 교수)의 아이디어였다는 사실도 확인됐다. 박근혜 정부 시절 국정 교과서 집필진에 참여했던 사람이다. 위안부 문제를 축소하고 이승만과 박정희를 미화했다는 비판을 받는 교학사 교과서를 집필했다.

● 윤석열은 "싸우지 않으면 강해질 수 없다"면서 "사방에서 공격을 많이 하는데 그런 공격에 대해 움츠러들지 말고, 당당하게 대응하라"고 지시했다.

12. "중요한 건 일본의 마음", 딴 세상 역사관.

● 김형석(독립기념관장)은 "1945년 광복됐다는 것을 인정하느냐"는 질문에 "멘트를 하지 않겠다"고 했다.

● 김문수(고용노동부 장관)는 "일제 강점기 우리 선조들의 국

적이 일본이라고 보느냐"는 질문에 이렇게 말했다. "상
식적인 이야기를 해야지. 1919년은 일제 식민지 시대인
데 무슨 나라가 있나. 나라가 망했는데 무슨 국적이 있었
나."

● 윤석열의 술친구라는 김태효(국가안보실 차장)가 KBS에 나
와서 "중요한 건 일본의 마음"이라고 말해 논란에 불을
붙이기도 했다. "과거사 문제에 대해 일본이 고개를 돌
리고 필요한 말을 하지 않으면 엄중하게 따지고 변화를
시도해야겠지만 중요한 건 일본의 마음이다. 마음이 없
는 사람을 다그쳐서 억지로 사과를 받아낼 때 그게 과연
진정한가."

● 성한용(한겨레 선임기자)은 "윤석열은 외교와 안보에 편견이
거의 없는 상태에서 갑자기 정치에 뛰어들어 대통령이
됐다"면서 "김태효 등이 윤석열의 눈과 귀를 사로잡으면
서 냉전 시대 극우 이념 노선으로 급속히 의식화됐다"고
분석했다.

13. '건폭' 몰이로 시작된 윤석열의 폭주.

● 민변(민주 사회를 위한 변호사 모임)은 "노동기본권 부정이 국헌
문란과 내란 시도의 출발점이었다"고 지적했다. 윤석열

강성 노조와의 전쟁 선포
"건폭 근절 때까지 단속하라"

출처 : <슬로우뉴스>, 2024.12.09

은 건폭(건설 폭력배) 몰이부터 시작해서 지지율이 떨어진
다 싶을 때마다 노조를 공격했다.

● 윤석열이 "'건폭'이 완전히 근절될 때까지 엄정하게 단속
하라"고 지시한 게 2023년 2월의 일이다. 원희룡이 나
서서 건설노조를 "경제에 기생하는 독"이라고 비난했고
"노피아(노조+마피아)", "국민 경제의 암적인 존재" 등의 공
격이 쏟아졌다.

● 2800명의 수사 인력을 투입해서 마녀사냥을 시작했다.

● 인권위원회가 "정치인의 표현행위가 특정 집단의 존엄
성을 침해하거나 공론장을 왜곡하는 형태로 행해져서는
안 된다"고 경고했지만 달라지지 않았다. 국제노동위원

출처 : <슬로우뉴스>, 2024.12.09

회ILO의 권고도 무시했다.

● 월례비와 전임비를 집요하게 공격했지만 사실이 아니거
나 왜곡과 과장이 넘쳤다. 공사 기간을 단축하고 비용을
절감하려는 불법 하도급 구조가 문제의 본질이다.

14. R&D 예산 삭감과 카이스트 입틀막 사건.

● 카이스트 졸업식장에서 R&D 예산 삭감에 항의하던 한
졸업생이 입이 틀어막힌 채로 끌려 나갔다.

● "R&D 카르텔을 타파하겠다"고 했지만 애초에 실체가 없
는 개념이었다. 갑자기 예산을 삭감하면서 수많은 연구
자가 일자리를 잃었고 일부는 해외로 떠나기도 했다.

15. 정권 몰락을 부추긴 의대 정원 확대.

- 2024년 2월, 의대 정원 2000명 증원을 발표하면서 시작된 의료 대란이 해를 넘길 판이다.

- 일단 왜 2000명이어야 하는지 설명하지 못했다. 단순히 의사 수를 늘려서 해결할 수 있는 문제가 아니라는 지적이 많았지만 고집을 꺾지 않았다.

- 윤석열의 고집 때문에 수많은 희생을 치렀고 또 치르는 중이다. 2024년 2월부터 5월까지 전체 입원 환자를 대상으로 중증도 보정 사망률을 산출한 결과 지난 9년 평균 대비 사망자가 1700여 명 늘었다는 분석도 있었다. 살 수 있었던 사람을 살리지 못했다는 이야기다.

16. '대파 게이트'와 '벌거벗은 임금님'의 악몽.

- 윤석열은 선거 부정이 있었다고 믿고 있을 수 있지만 총선 패배의 결정적인 요인 가운데 하나가 대파 게이트였다.

- 윤석열이 마트에 가서 대파를 샀는데 1kg에 875원이었다. "대파가 875원이면 합리적인 가격이라고 생각한다"고 말했다. "빵이 없으면 케이크를 먹으면 되지 않나요?" 같은 복장 터지는 소리였다.

- 알고 보니 3월 둘째 주까지 전국 평균은 1kg에 3851원, 하나로마트도 2670원이었는데 윤석열이 방문하기 이틀 전부터 가격이 뚝 떨어졌다. 그날 전국 평균 소매 가격은 2866원이었다. 하필이면 윤석열이 찾은 마트만 반의반 값이었다는 사실을 윤석열은 몰랐을까.

- 이수정(경기대 교수, 당시 국민의힘 후보)이 "한 단이 아닌 한 뿌리를 말하는 것"이라고 말해서 논란에 기름을 끼얹었는데 이것도 거짓말이었다.

- 이재성(한겨레 논설위원)은 박근혜의 말이 떠올랐다고 했다. "구명조끼를 학생들은 입고 있다는데 그렇게 발견하기가 힘듭니까?"

17. 김건희-한동훈 '읽씹' 논란으로 보는 파멸의 징후.

- 2024년 7월 국민의힘 전당대회를 앞두고 터져 나온 김건희 메시지 '읽씹' 논란은 윤석열 정부의 몰락이 멀지 않았다는 사실을 예감하게 했다.

- 디올 백 논란으로 시끄러웠던 2024년 1월 김건희가 한동훈에게 "사과하라고 하면 하겠다, 뜻대로 따를 테니 검토해 달라"는 메시지를 보냈는데 한동훈이 답을 하지 않았다.

- 어차피 사과하고 말고는 윤석열 부부가 결정할 문제였고 뒤늦게 한동훈을 공격한다고 해서 참패한 총선을 되돌이킬 수도 없고 이미 떨어진 지지율이 오를 상황도 아니었다.
- 애초에 윤-한 갈등이 아니라 김-한 갈등이었다는 말도 나왔다. 애초에 김건희 심기 경호를 두고 여당이 발칵 뒤집히는 상황도 어처구니없지만 윤석열 위에 김건희가 있다는 사실을 실감하게 하는 사건이었다.
- 김건희가 김대남(전 대통령실 비서관)을 시켜 한동훈을 공격하게 하고 연봉 3억 원의 서울보증보험 감사 자리를 준 사실도 확인됐다. 명백한 국정농단이었다.

18. 윤핵관도 못 건드린다던 김건희의 '칠상시'.

- 돌아보면 이미 2024년 4·10총선 패배 이후 정권 말 징후가 나타났다.
- "관저에 다녀오면 다른 말씀을 하신다"는 말이 돌기 시작했다. "비서실장과 정무수석, 홍보수석 등 공식 라인이 배제됐다"는 말도 돌았다. 김건희와 예스맨들이 윤석열을 흔들고 있다는 이야기다.
- 김대남이 서울의소리와 통화에서 "용산에 십상시 같은

사람이 몇 명 있다"고 털어놓은 뒤 동아일보가 한남동 라인 일곱 명의 이니셜을 공개했다.

- 강찬호(중앙일보 논설위원)는 "김동조(대통령실 국정비서관)가 진짜 비서실장이라는 뒷말이 돈다"면서 "그가 왕명(여사의 지시)을 출납하면 김건희 라인 비서관과 행정관들이 움직여 비서실장과 수석들도 모르는 가운데 일이 일사천리로 진행된다"고 밝혔다.

- 윤석열을 '삼촌'으로, 김건희를 '작은엄마'로 부른다는 황종호(대통령실 행정관)와 김건희 황제 관람을 기획한 최재혁(대통령실 홍보기획비서관), 음주운전 논란으로 사퇴한 강기훈(대통령실 선임행정관) 등이 대통령의 눈과 귀를 가리고 있다는 비판이 있었다.

19. 검사 위에 여사, "김이 곧 국가"였다.

- 전두환(전 대통령) 시절에는 "육사 위에 여사"라는 말이 돌았다. 윤석열 정부에서는 "검사 위에 여사"가 있었다.

- 프랑스의 루이 14세가 "짐이 곧 국가다" 했던 것처럼 지난 2년 반은 "김이 곧 국가다"라는 말이 나올 정도였다.

- 애초에 취임식 때부터 "취임식이 '김건희 의혹의 중간 저수지'였다고 해도 할 말이 없다"는 말이 나올 정도였다.

천광암(동아일보 논설위원)이 이렇게 평가했다. "취임식은 대통령이 자신의 국정철학과 비전, 주요 정책 등을 전 국민에게 밝히는 엄숙한 자리다. 그런데 이런 자리에 주가조작 패밀리, 문서위조범, '업자', 무속인, 정치 브로커 등이 무더기로 섞여 들어 있었던 것이다."

● 박용현(한겨레 논설위원)이 이렇게 평가했다. "프로크루스테스의 침대에 맞춰 사지가 잘리거나 잡아 늘여지는 것처럼 온갖 법과 제도가 김건희라는 기준에 맞춰 비틀리고 꺾이고 뭉텅 잘려 나가고 있다"고 지적했다.

20. 마약 수사 외압 사건, 아직 수사는 시작도 안 했다.

● 마약 조직을 수사하던 경찰이 관세청 직원들의 연루 혐의를 잡았는데 대통령실이 개입했다는 의혹이 있었다.

● 조지호(경찰청장 후보자) 청문회에서 나온 이야기다. 백해룡(영등포경찰서 형사과장)이 "이 사건을 용산에서 심각하게 보고 있다"는 말을 들었다고 폭로했다.

● 조병노(서울경찰청 경무관)가 전화를 걸어 "브리핑에서 세관 이야기 안 나오게 해주는 거냐"고 물었다고 한다. 조병노는 이종호가 "내가 승진을 챙겨줬다"고 말했던 사람이다. 여기서 이종호도 그 도이치모터스 주가 조작 사건의

그 이종호다. 김건희가 안 낀 곳이 없다는 말이 나온다.

● 조병노는 징계위원회에 넘겨졌는데 아무런 징계도 받지
않았고, 백해룡은 징계를 받아 좌천됐다. 그 사이에 문제
의 세관 직원은 핸드폰을 반복 초기화해서 포렌식이 불
가능한 상태로 만들었다고 한다. 제2의 채 상병 사건이
라는 말도 나온다.

21. 언론 때려잡으면서 성공한 정부 없다.

● 윤석열은 이명박과 박근혜의 실패에서 아무런 교훈을 얻
지 못했을 뿐만 아니라 아예 시스템을 무너뜨리려다 붕
괴한 최악의 사례라고 할 수 있다. 어느 정부나 비판을
뭉갤 때 몰락이 시작된다.

● KBS 사장을 갈아치우고 YTN 매각을 밀어붙이고 방문
진 이사장을 해임했다가 가처분 신청이 인용돼 복귀했
다. MBC 사장 교체는 실패했다.

● 이진숙은 세월호 추모를 두고 "나라 앞날이 노랗다"고 했
던 사람이다. 이태원 참사를 두고 "좌파 시민단체, 좌파
언론의 뒤에는 대한민국을 뒤엎으려는 기획자들이 있었
을 것"이라고 했다. 윤석열과 멘탈을 공유하는 사람이었
다. "좌파들은 집요하다. 독하다. 그들과의 싸움에서 이

기려면 그들보다 더 강하고 더 독해야 한다. 그렇지 않으면 싸움은 진다."

- 윤석열은 비판과 토론에 귀를 닫고 언론을 적으로 몰고 유튜브 채널에 빠져들었다. 급기야 선거 결과는 조작됐고 국회에 종북 세력들이 암약하고 국가가 비상사태에 놓여 있다는 망상에 빠져들었다.

- '국경 없는 기자회'가 집계하는 언론자유지수는 62위로 추락했다. 순위는 박근혜 정부 때 70위가 바닥이었지만 그때보다 점수는 더 낮다.

- 검사 출신 대통령이 법과 제도를 무시하고 표현의 자유를 찍어 누르려다 자멸한 반면교사로 역사에 기록돼야 한다.

22. 윤석열 검사의 부산저축은행 수사 무마 사건.

- 이른바 김만배 커피 사건은 완전히 다시 시작해야 한다.

- 뉴스타파가 윤석열의 명예훼손을 했다며 압수수색에 제재에 난리법석을 떨었지만 공소 유지도 어렵다는 말이 나오는 상황이다. 이 사건도 이제부터 다시 탈탈 털어봐야 한다.

- 이 사건은 복잡하지 않다. 윤석열이 서울중앙지검 중수

부장 시절, 조우형(천화동인 6호 실소유주)이 검찰에 불려 가서 커피 한 잔 마시고 왔더니 사건이 사라졌다는 게 핵심이다. 윤석열이 사건 무마에 관여했는지를 밝혀야 하고 애초에 커피를 누가 타 줬는지는 본질이 아니다.

● 뉴스타파 보도에는 "윤석열이 조우형에게 커피를 타 줬다"는 말이 없다. 핵심은 커피가 아니라 수사 중단이다.

● 김만배는 이미 재판이 진행 중이지만 검사 윤석열의 수사 무마 사건도 다시 수사해야 한다.

23. 윤석열 폭주를 부른 명태균 게이트.

● 명태균은 2024년 10월 JTBC와 인터뷰에서 "내가 구속되면 한 달 안에 정권 무너진다"고 엄포를 났다. 그는 이후 구속됐다.

● 김건희가 명태균을 처음 만난 날 "물건이 왔네요" 했다고 한다.

● 윤석열이 비상계엄을 선포하지 않았더라도 명태균 게이트에서 치명적인 약점이 터져 나올 거라는 관측이 지배적이었다. 명태균은 윤석열이 후보 시절 비공개 여론조사를 공짜로 넘겨준 대가로 김영선(전 국민의힘 의원)의 공천을 받고 김건희의 후광을 입고 국민의힘 인사들을 접촉

했다.

- 윤석열이 "김영선이를 좀 해줘라 그랬는데 말이 많다"고 한 통화 녹음이 공개됐고 명태균에게 "화내서 미안하다" 며 한 시간 동안 사과한 통화 녹음이 곧 공개될 거라는 말도 나왔다.
- 윤석열 부부와 통화 녹음과 메시지 등이 저장돼 있다는 명태균의 '황금폰'도 검찰 손에 들어갔다.

24. 막말과 궤변, 내란은 예고돼 있었다.

- 윤석열의 망상과 분노 조절 장애는 여러 차례 징후가 있었다.
- 자유총연맹 창립 기념식에서 "왜곡된 역사의식과 무책임 한 국가관을 가진 반국가 세력들이 종전 선언을 노래 부르고 다녔다"며 문재인 정부를 비난했다. "국가 정체성 을 부정하는 세력들이 가짜 뉴스와 괴담을 퍼뜨린다"라 고도 했다.
- 2023년 광복절 경축식에서는 "반국가 세력이 활개 친다" 고 말했다.
- 2024년 광복절 경축식에서는 표현이 더 세졌다. "사이비 지식인들이 가짜 뉴스를 상품으로 포장하여 유통하며,

기득권 이익집단을 형성하고 있다. 국민을 현혹하여 자유 사회의 가치와 질서를 부수는 것이 검은 세력들의 전략이다. 선동과 날조로 국민을 편 갈라 그 틈에서 이익을 누리는 데만 집착할 따름이다."

● 김웅(전 국민의힘 의원)이 이렇게 당부했을 정도다. "꼭 대통령에게 당부드리고 싶다. 제발 유튜브 좀 그만 보시라. 이러다 우리 다 죽는다." 이봉규TV 운영자 이봉규가 대선 직전 "(윤석열 후보가) 자면서도 내 방송을 본다"고 말한 것도 이제 와서 돌아보면 심상치 않다.

● 비상계엄에 반발해 사표를 던지고 나온 류혁(전 법무부 감찰관)은 "윤석열은 사이코패스 아니면 소시오패스"라고 평가했다.

25. 술 마신 다음날 가짜 출근? '뻥카'가 일상이었다.

● 한남동 관저로 옮긴 뒤 출근이 늦을 때마다 가짜 출근 행렬을 보내는 게 일상이었다. 한겨레가 확인했더니 2024년 11월 한 달 동안 정시 출근한 날이 이틀밖에 안 됐다.

● 11월 10일의 경우 아침 9시 1분에 관저에서 출발한 차량 다섯 대가 9시 6분 대통령실에 도착했는데 10시 1분에 한 번 더 차량 여섯 대가 출발했다. 9시에는 정문으로 10

시에는 남문으로 왔다.

- 비상계엄을 선포했던 12월 3일도 '뻥카'가 8시 52분에 출발하고 진짜 출근 차량은 9시 42분에 출발했다.

- '가짜 출근' 쇼는 경찰들 사이에서는 공공연한 비밀이었다고 한다. '위장 제대'라는 은어도 있었다. 전직 경찰 고위 간부가 이런 말을 했다. "2022년 11월 도어스테핑 중단 이후 늦게 출근하는 날이 늘었다. 그때부터 차량 행렬을 두 번씩 내보내기 시작했다."

- 경향신문은 사설에서 "습관적으로 금세 들통날 거짓말을 하고 언론과 시민을 '입틀막'하는 정권의 말로는 불을 보듯 뻔하다"고 경고했다.

26. 왕처럼 행동했던 '59분 대통령'.

- 명태균은 윤석열 부부를 "장님 무사 위에 올라탄 앉은뱅이 주술사"라고 평가했다.

- 대통령실 수석과 보좌관들에게 '이 새끼' '저 새끼' 하는 것은 물론이고 59분 동안 혼자 떠든다고 해서 '59분 대통령'이란 별명이 있었다.

- 참모들은 주눅이 들어 보고를 못 하고 '알겠습니다' 하고 물러나는 경우가 많다. 언젠가부터 공무원들이 '사고만

출처 : 〈슬로우뉴스〉, 2024.12.14

안 터지면 된다'는 생각으로 버티기만 했다고 한다.

● 윤석열 주변에는 직언하는 사람이 없었다. 비상계엄이라는 정치적 자폭을 하기까지 보수언론의 조언도 듣지 않았다. 조선일보가 "구정물을 함께 뒤집어쓴 느낌"이라면서 "아내와 나라 가운데 선택을 해야 한다"고 조언했을 정도다.

27. 자리 지키려 전쟁이라도 일으킬 생각이었나.

● 비상계엄 선포 직후에야 알게 됐다. 윤석열이 평양에 무인기를 보낸 건 북한의 도발을 부추기기 위해서였다. 신원식은 "북한이 자살을 결심하지 않으면 전쟁을 못 할 것"이라고 자극하기도 했다.

● 수상쩍은 징후는 꽤 오래됐다. 대북 확성기 방송을 시작해서 북한을 자극했고 북한이 경의선과 동해선을 폭파하자 대응 사격을 하기도 했다.

● 김용현이 합동참모본부(합참)에 북한의 오물 풍선이 또 내려오면 경고 사격한 뒤 원점을 타격하라고 지시한 사실이 확인됐다. 자칫 남북 교전으로 이어질 수 있는 위험천만한 시도였지만 애초에 북한의 도발을 유도하려는 의도였을 가능성이 있다.

● 안전은 뒷전이고 일부러 전쟁을 일으켜서라도 정권을 지키려는 위험천만한 시도였다. 내란죄와 별개로 외환유치죄나 여적죄를 적용할 수 있다는 지적도 나온다. 외환유치죄는 "외국과 통모(通謀)하여 대한민국에 대하여 전단(戰端)을 열게 하거나 대한민국에 항적(抗敵)하는 죄"를 말하고 여적죄는 "적국과 합세하여 대한민국에 항적한 죄"를 말한다. 외환유치죄는 사형 또는 무기징역, 여적죄

출처 : <슬로우뉴스>, 2024. 12. 14

는 사형이 법정형이다.

이제는 무너진 민주주의를 복원해야 할 때.

● 김준일(시사평론가)은 윤석열의 2년 반을 이렇게 평가했다.
김영삼(전 대통령)은 사악하지는 않았지만, 경제적으로는
확실히 무능했다. 이명박(전 대통령)은 사악했지만, 상대적
으로 유능했다. 박근혜(전 대통령)는 적당히 무능했고 상당
히 사악했다. 윤석열은 무능한 데다 의도적으로 사악했
다. 윤석열의 끝은 자폭일 뿐만 아니라 한국 민주주의의
비극이다.

● 김정하(중앙일보 논설위원)은 윤석열이 3중 중독에 빠져 있다

고 분석했다. 첫째, 권력 중독이다. 평생을 검사로 살아왔으니 내가 마음먹으면 제압하지 못할 대상이 없다고 믿게 됐을 거란 이야기다. 둘째, 유튜브 중독이다. 부정선거 음모론 이전에 이태원 참사 음모론도 있었다. 셋째, 알코올 중독이다. "술로 인한 판단력 저하가 자신의 인생과 정권을 파멸로 몰고 갔다"는 이야기다.

- 윤석열은 비상계엄과 내란 때문에 탄핵당하고 아마도 평생을 감옥에서 보낼 가능성이 크지만 이미 오래전부터 무너져 있었다는 사실을 간과해서는 안 된다. 비상계엄이 아니라도 윤석열이 거부한 수많은 특검법 때문에 정권의 몰락은 결국 닥칠 일이었다. 비상계엄 이전에도 탄핵 사유는 수두룩했다. 탄핵을 피하려 계엄을 선택했겠지만 결과는 더욱 참혹했다.

- 우리는 이제 윤석열 2년 7개월 만에 바닥부터 무너진 민주주의를 바로 세워야 한다.

- 12.3 윤석열 내란은 한국의 민주주의가 얼마나 취약한가를 보여주는 사건이지만 동시에 여전히 한국 사회의 민주주의가 살아 움직인다는 자긍심을 확인하는 사건이기도 했다. 우리는 윤석열의 비상계엄을 3시간 만에 해제했고 내란 11일 만에 윤석열을 축출했다.

8. 음모론 프레임

민주당이 예견한 계엄령을 보수언론은 왜 음모론·망상으로 치부했나?

윤석열의 비상계엄 선포는 예견된 일이었다.

김병주 더불어민주당 의원은 2024년 8월 15일 '김준일의 뉴스공감' 인터뷰에서 윤 정부의 국방부 장관, 장성 인사에 대한 우려를 내놨다. 충암고 출신이 군내 핵심 정보라인에 자리 잡고 있다는 것이다. 김 의원은 이후에도 꾸준히 윤 대통령이 계엄을 선포할 수 있다는 우려를 내놓았다.

김민석 더불어민주당 의원은 2024년 8월 21일 최고위원회의에서 '근거 있는 확신'이라며 윤 대통령이 계엄령을 선포할 것이라고 주장했다. "차지철 스타일의 야당 '입틀막' 국방부 장관으로의 갑작스러운 교체와 대통령의 뜬금없는 반국가세력 발언으로 이어지는 정권 흐름의 핵심은 국지전과 북풍 조성을 염두에 둔 계엄령 준비 작전"이라고 주장했다.

하지만 보수언론들은 민주당 의원들의 우려를 진지하게 받아들이지 않았고 '망상' '음모론'으로 일축했다. 김민석 의원은 "근거가 없으면 의원직을 사퇴하라"는 비난을 받았다.

그러나 계엄령이 현실이 되자 민주당을 비판해 온 조선일보·세계일보는 뒤늦게 "민주당이 맞았다"고 인정했다.

계엄 괴담은 윤석열이 김용현을 국방부 장관에 내정할 때부터 돌았다. 공교롭게도 김용현과 여인형(국군방첩사령부 사령관), 박종선(777사령부 사령관) 등이 모두 윤석열의 충암고 선후배였고, 충암고 후배인 이상민(행정안전부 장관)이 방첩사령부를 방문한 것도 의혹을 키웠다.

김용현은 인사청문회에서 "지금 대한민국 상황에서 어떤 국민이 용납하겠나, 군에서도 따르겠나, 나는 안 따를 것 같다"고 말했지만, 결국 12·3 비상계엄을 주도했다.

12·3 비상계엄 사태 이전에 민주당 의원들이 계엄령 선포 가능성을 경고하였으나, 당시 보수언론은 이를 음모론으로 치부하며 무시했다.

비상계엄이 해제되고 윤석열이 구속된 후 헌법재판소의 탄핵심리가 이어지는 와중에도 사랑제일교회 목사 전광훈 씨 등 극우 세력들은 "윤 대통령이 비상계엄을 선포한 이유는 딱 한 가지"라며 "부정선거를 밝혀내겠다는 뜻에서였다"고 '부정선거 음모론' 주장을 계속했다.

윤석열 측 변호인단도 탄핵 재판에서 '내란 프레임' '탄핵 공작'이라며 음모론 프레임을 꺼내 들었다. 홍장원 전 국정원 1차장과 곽종근 전 육군 특수전사령관이 김병주 유튜브 채널에 출연한 시점부터 내란 프레임과 탄핵 공작이 시작됐다고 주장한 것이다.

홍장원 1차장은 비상계엄 당시 윤석열로부터 정치인 체포 지시를 받아 메모를 남겼다고 증언했다. 탄핵 심판에서 곽종근 전 사령관은 "아직 의결정족수가 채워지지 않은 것 같다. 국회 문을 빨리 부수고 들어가서 안에 있는 인원들을 밖으로 끄집어내라"는 윤석열의 지시내용을 증언했다. 모든 음모론은 불리한 상황을 모면하기 위한 프레임이다.

조선일보의 힘은 여전히 강력하다. 그런 음모론 주장에 힘을 실어주고 있기 때문이다.

언론은 기본적으로 권력 감시와 비판을 사명으로 하는데, 어떤 보수언론은 플레이어로 뛴다. 킹메이커 역할을 하거나

판을 바꾸기도 한다. 탄핵 심판 중에도 내란 세력을 비판하기보다는 새로운 프레임 세팅에 골몰하는 보도가 쏟아졌다.

보수언론의 정치적 편향성은 어제오늘의 일이 아니다. 보수언론은 대체로 정부와 여당에 우호적 입장을 취하며, 정부의 정책이나 행보를 비판적으로 다루기보다 지지하거나 옹호하는 경향이 강하다. 우호 세력 주장을 '받아쓰기' 하는 행태는 기본이다. 정부광고 수익이 크기 때문이다.

보수언론 가운데 특히 〈조선일보〉는 내란 사태 이전에는 계엄령은 괴담일 뿐이라면서 의도적으로 내란 세력을 숨겨준 꼴이 되었다. 윤석열 구속 후에는 터무니없는 양비론으로 내란의 비호 세력으로 의심받고 있다.

조선일보를 비롯한 보수언론의 친정부적 편향은 정부광고 수입 증가와도 관련 있다.

〈미디어오늘〉은 김재원 조국혁신당 의원실이 한국언론진흥재단에서 제출받은 정부광고 자료를 바탕으로 윤석열 정부 전후 한국언론진흥재단을 통해 집행된 정부부처·공기업·공공기관 등의 정부광고 내역을 살펴봤다.

윤석열 정부가 들어선 후 TV조선·MBN·채널A 등 보수성향 종합편성채널의 정부광고가 대폭 증가한 것으로 나타났다. 윤 대통령 취임 후 전체 방송광고비가 6.4% 늘어났지만, 오

[사설] 국민을 바보로 아는 '계엄령 괴담'

조선일보
입력 2024.09.04. 00:30

▶ 버튼을 눌러 오디오 콘텐츠를 들어보세요

출처 : 〈조선일보〉, 2024.09.04

히려 MBC 광고비는 감소했다. 문체부는 정부광고 예산 497억 원을 보수언론에 나눠주면서 2024년부터 MBC에는 광고를 집행하지 않았다.

　신문사 광고는 동아일보가 1위를 유지한 가운데, 조선일보·문화일보의 약진이 두드러졌다. 동아일보 광고비는 202억 9672만 원으로 지난해와 큰 차이(1.4% 증가)가 없었으며, 중앙일보 광고비는 5.7% 증가한 180억100만 원이었지만, 한겨레 광고비는 6.9% 감소한 97억2571만 원이다.

9. 도대체 왜? 내란 미스터리

윤석열이 12·3 비상계엄을 선포한 여러 이유 가운데 우선 표면적인 이유부터 알아볼까?

2024년 12월 3일, 윤석열은 야당의 탄핵 남발과 예산안 단독 처리를 '입법 독재'와 '예산 폭거'로 규정하고, 이로 인해 국정이 마비되었다며 비상계엄을 선포했다. 또한, 반국가 세력을 척결하고 자유 헌정 질서를 지키겠다는 의지를 표명했다.

비상계엄을 선포한 또 하나의 이유는 부정선거 음모론에 영향을 받은 윤석열이 중앙선거관리위원회를 계엄군을 통해 조사하기 위한 목적이었다. 이는 극우 세력들의 주장과 맥락을 같이한다.

12·3 비상계엄이 국회의 해제 요구안 의결로 해제된 후, 윤석열은 '12·12 대국민 긴급 담화문'에서 "저는 비상계엄령 발동을 생각하게 되었습니다. 거대 야당이 헌법상 권한을 남용하여 위헌적 조치들을 계속 반복했지만, 저는 헌법의 틀 내에서 대통령의 권한을 행사하기로 했습니다. (...) 그럼으로써 자유민주주의 헌정 질서의 붕괴를 막고, 국가 기능을 정상화하고자 하였습니다."

12·3 비상계엄이 선포되었을 때 미국의 커트 캠벨 부장관은 윤석열의 '심각하게 잘못된badly misjudged' 판단이며, 이는 '매우 불법적인deeply illegitimate' 과정에 의해 진행됐다고 비난했다. 윤석열이 그토록 강조했던 한미동맹의 파트너 미국의 논평이다.

영국의 〈이코노미스트〉는 "자유주의 민주주의가 이렇게 뻔뻔스러운 쿠데타 시도를 겪었다는 것은 충격적일 뿐만 아니라 수치스러운 일"이라고 기록했다. 홍콩 일간지 〈아시아 타임스〉는 '엉성한 쿠데타 시도sloppy coup attempt'라고 비판했다.

윤석열은 "도대체 두 시간짜리 내란"을 왜 일으켰을까?

더불어민주당 박선원 의원은 "지들은 박근혜처럼 안 당하겠다는 이야기죠. 박근혜가 당한 이유가 두 개라고 보는데. 하나는 검찰로부터 보호를 못 받고 검찰에게 무차별적으로 당했고, 두 번째로는 이제 정말 탄핵에 몰렸을 때 그거를 계엄령이나 이런 걸로 해서 구출하지 못했고. 윤 대통령은 이걸 다 가지고 버티겠다는 거잖아요."

계엄 의혹을 제기했던 더불어민주당의 김민석 의원은 "감옥 가기 싫은 사람들이 자기 보전을 위해 사고를 친 것"으로 분석했다. 김건희 비리, 채상병 문제 등에 연루되어 있는 윤석열과 국방부 장관 등이 자기 생존을 도모한 사건이라는 것이다.

윤석열이 비상계엄을 야당에 경고하기 위해서였다고 밝힌 것을 보면 비상계엄의 주목적은 야당 제압이었던 것이 분명해 보인다. 더욱이 2024년 4월 총선 참패로 인해 임기 말까지 정국을 반전시킬 가능성이 없다고 본 것도 무모한 용기를 부추겼을 가능성이 크다. 한홍구 성공회대 교수는 "다수 야당의 견제를 견딜 수 없으니까 정적을 죽이려고 일으킨 것"이라고 평가했다.

김준일 시사평론가는 "평소 윤석열 대통령이 극우 유튜브를 매일 본다는 소문이 많았는데 실제 극우 유튜브 채널에서는 계엄을 해야 한다는 이야기가 오래전부터 많았다"고 말했다.

"계엄령을 발동해서 좌파빨갱이들을 다 감방에 처넣지 않으면 대한민국이 연방제로 적화된다"고 주장했던 극우 유튜버들의 주장은 "종북 반국가 세력들을 일거에 척결하고 자유 헌정질서를 지키기 위해 비상계엄을 선포한다"는 윤석열의 담화문과도 매우 일치한다.

윤석열은 '대국민 긴급 담화문'에서 "도대체 두 시간짜리 내란이 있느냐?"고 항변했다. 이런 주장에 대해 이성윤 더불어민주당 의원은 윤석열이 감옥 가기 싫어 '평화적 비상계엄'이라고 주장하려는 것인데, "'평화적 비상계엄'은 '뜨거운 아이스크림'과 같이 형용모순"이라고 비판했다. 윤석열이 "비상계엄은 통치행위로서 처벌 대상이 아니라"는 주장에 대해서도 그러면 '절도는 고도의 경제행위'라 처벌할 수 없는 것인가?"라고 힐난했다.

윤석열 자신의 퍼스낼리티에서 시작된 비상계엄. 윤석열 식 무모한 '용기'의 출처는 어디인가?

12·3 비상계엄 선포의 이면에는 윤석열 개인의 성장환경에 따른 성격적 특질, 검사 시절 성격 및 성향과도 무관치 않다.

윤석열은 정치를 대화와 타협이 아닌, 힘으로 승부를 가리는 전쟁으로 이해한 것이다. 윤석열은 전형적인 권위주의적 성격자다.

2024년 2월 '카이스트 입틀막 사건'이 발생했다. 윤석열이 축사를 진행하던 중, 졸업생 신 씨가 정부의 연구개발(R&D) 예산 삭감에 항의하며 "R&D 예산 복원하십시오"라고 외쳤다. 이에 대통령 경호원들이 신 씨의 입을 손으로 막고, 팔다리를 들어 행사장 밖으로 강제퇴장시켰다. 이러한 모습을 언론은 '입틀막'(입을 틀어막다의 준말)이라 표현했다.

'입틀막'으로 엉망이 된 졸업식 축사에서 윤석열은 "실패를 두려워하지 말고 과감하게 도전하라"고 말했다. 그래서였을까. 윤석열은 두려움 없이 과감하게 친위쿠데타에 도전했다.

윤석열식 무모한 '용기'의 출처는 어디인가?

조갑제 전 월간조선 편집장은 2024년 12월 27일 "윤석열이 특수부 검사를 오래 하다 보니, 국민을 피의자로 보고 이 세상을 만만하게 본 것 같다"며 "그러니까 목숨을 걸어야 할 사안(비상계엄 선포)을 '아니면 말고' 식으로 한 것"이라고 주장했다. 윤석열에게 무모한 용기가 있다는 것이다.

이성윤 의원이 MBC 라디오 인터뷰에서 "서울중앙지검장으로 재직할 때 (윤석열 당시) 검찰총장실에서 수사 외압이 있었느냐"는 질문을 받았다. 이성윤 의원은 "검찰 내부 수사를 조금만 알면 총장이나 총장의 가족을 수사하는 일이 얼마나 어려운지 알 수 있다", "(윤 총장이) 저한테 직접 니가 눈깔에 뵈는 게 없냐, 니가 뒈질려고 환장했냐"고 밝히며 당시 일을 토로했다.

이성윤 의원은 윤석열의 성격에 대해 이렇게 말했다.

"윤석열은 겁이 많은 사람이다. 그래서 강압적인 지시를 내리고, 화도 많이 낸다. 자신에게 불리하거나 싫고 겁나는 걸 견디지 못한다. 대통령에 당선됐을 때 가장 걱정된 것이 이거였다. 민주당이 싫고 겁나는 걸 법적인 절차로 어떻게 하기는 어렵지 않나? 겁이 많았기 때문에 비상계엄 선포를 선택한 게 아닌가 그렇게 평가한다."

10. 그 남자의 뇌 구조

12·3 비상계엄 직후 정신건강의학과 전문의들은 윤석열의 심리를 어떻게 분석했나?

12·3 비상계엄 후 정신건강의학자들은 윤석열의 정신 상태에 대해 "편집증, 의심, 자기애라는 권력자의 문제적 특성이 두드러져 보인다"고 분석했다. 세 가지 특성은 권력자가 빠지기 쉬운 정신 상태라는 것이다. 12·3 불법 계엄 사태를 끝끝내 정당화한 윤석열을 두고 정신건강의학자, 심리학자들은 "아무리 설득해도 소통 자체가 불가능한 상태까지 갔다면 망상을 의심해 볼 수 있다"는 견해를 내놨다.

어떤 심리학자는 '대국민 긴급 담화문' 발표 때 상당히 흥분된 모습으로 미뤄 "간헐적 폭발 장애(분노 조절 장애) 여부도 생각해 볼 수 있다"고 지적했다.

아울러 "무조건 야당 탓, 북한 탓을 하며 자신이 피해자라 변명하고 정당화하면서 주변 모두를 적으로 규정하는 모습에서는 '피해 망상' 특성이 있다"고 말했다. 또한 "자신이 원하는 것을 얻기 위해 헌법과 법률 같은 규칙을 무시하고 타인의 권리를 침해하는 것을 아무렇지 않게 여기는 행태에서는 반사회적 성격 특성도 강하게 나타난다"고 분석했다.

정신건강의학과 C교수는 "최고경영자처럼 조직의 최정점에 올라가면 정보가 비대칭적으로 주어지기 때문에 자신에게 유리한 정보만 선택하고 깊이 몰두하면서 확증편향에 빠지기 쉽다"고 강조했다. 대통령이 언급한 선거 결과 조작설, 종북

출처 : <한겨레TV>, 정치평론가 김준일이 본 '윤석열의 뇌구조'

반국가세력 척결 주장 등이 확증편향의 증거일 수 있다는 것
이다.

　또 다른 교수는 "권력은 권한도 주지만 극도의 스트레스도
준다. 그 스트레스를 감당하지 못하면 누군가 자신과 국가를
해치려 한다는 편집증과 의심에 사로잡히게 되고, 나만이 옳
다는 과도한 자기애에 심취해 반대파를 숙청하거나 비합리적
결정으로 나라를 도탄으로 몰아넣는 비극을 초래할 수 있다"
고 우려했다.

11. 12·3 내란의 뿌리는 어디인가?

윤석열이 저지른 셀프 쿠데타(self-coup). 이는 그의 특이
한 뇌 구조 탓에 홧김에 저지른 정변인가? 아니면 어떤 계
산으로 어떤 세력과 연계해 발동한 것인가?

작가 진중권은 윤석열 대통령의 정신 상태를 '키호티즘
quixotism'에 비유했다. 세르반테스의 소설 《돈키호테》(1605)에
서 따온 말이다. "돈키호테는 비루먹은 말을 타고 소설로 들
어가 늘어선 풍차를 거인으로, 양떼를 군대로, 농부의 딸을
귀부인으로 착각한다. 이렇게 저만의 이상(망상)을 좇아 현실
을 떠나는 것을 '키호티즘quixotism'이라 부른다." 진중권은 윤
석열이 망상에 빠져 느닷없이 계엄령을 발동한 것으로 보고
있다. 여러 원인 중 하나다.

12·3 내란 사태의 발원지는 대통령이 된 지 얼마 되지도 않아 시도 때도 없이 반국가세력 타령을 하며 이념 통치에 매몰돼 온 윤석열의 극우적 뇌 구조와 함께 냉전 시대의 이념을 그의 뇌에 이식한 매국적 우파 세력이 있다. 이들은 편향된 애국관을 가진 '뉴라이트New Right' 세력이고 '한국자유회의'의 후예들이다. 물론 개검·떡검이라 불리는 세력과 정부 요직에 있는 엘리트 카르텔도 12·3 내란 사태를 지원했다. 윤석열 스스로 문제 해결 능력이 없으니 그와 동맹을 맺은 극우 유튜버들도 선전 선동에 가세했다. 이렇게 윤석열의 파시즘적 징후는 이미 있었다.

이들 모두 21세기 대명천지에 우리 국민을 계몽해야 야당을 포함한 반국가세력도 척결하고 나라가 산다는 망상에 푹 빠져 있었던 거다.

그러므로 12·3 쿠데타는 윤석열 개인의 망상을 넘어 그를 정점으로 한 거대한 극우 보수세력의 부상을 뜻한다.

윤석열의 이념 통치는 언제 시작돼 어떤 결과를 낳았는가?

윤석열은 자신의 '통치 이념'을 2023년 8·15 광복절 기념사에 공개적으로 밝혔다. 이때 그는 한글 사전, 정치학 사전에도 없는 '공산 전체주의'라는 말을 처음 사용했다. 이때 윤석열은 우리 사회에 "공산 전체주의를 맹종하는 반국가세력이 활개 치고 있다"고 주장했다. 그리고 이어진 여당 연찬회에서 "제일 중요한 것이 이념이다. 나라를 제대로 끌고 갈 수 있는 그런 철학이 바로 이념이다."라고 발언했다.

또 국립외교원 60주년 기념식에서는 "반국가세력은 반일 감정을 선동하고…"라고 했다. 이렇게 대통령이 냉전 시대의 유물인 '이념'을 국정운영에 앞세우면서 국민 분열을 조장했다. 국회에서 정책대결은 실종됐고, 야당을 정치 파트너로 인정하지 않았다.

그러다 마침내 비상계엄을 선포하고 자기 마음에 안 드는 정치인들을 '싹 잡아들여!'라며 계엄군에게 명령했다. 헬기를 타고 와 총으로 무장한 계엄군이 국회에 난입했다. 2024년 12월 3일 밤 10시 53분경이다. 윤석열이 방첩사령관에게 체포를 지시한 명단에는 "이재명(민주당 대표), 우원식(국회의장), 한동훈(국민의힘 대표), 김민석(민주당 최고위원), 박찬대(민주당 원내대표), 정청래(민주당 의원), 조국(조국혁신당 대표), 김어준(친야 방송인), 김명수(전 대법원장), 김민웅(촛불행동 상임대표), 권순일(전 선관위원장) 등의 이름이 들어 있었다.

방첩사령관은 "1차 검거, 2차 검거 대상을 축차적으로(차례대로) 검거할 예정이며 방첩사에 있는 구금시설에 구금해 조사할 예정"이었다고 국회에서 증언했다.

이렇듯 윤석열의 이념 통치가 12·3 쿠데타로 이어진 것이다. 그리고 윤석열식 통치의 배후에 뉴라이트 세력이 있다.

'뉴라이트'를 표방한 정치세력은 언제 어떻게 등장했나?

'뉴라이트(New Right)'라는 말은 2004년 11월 〈동아일보〉 정치부장 이동관 기자가 '뉴라이트'를 잡아라'는 기명 칼럼을 〈동아일보〉에 게재하면서 처음 썼다. 윤석열 정부에서 방송통신위원장을 지낸 이동관은 평소 자신이 만든 '뉴라이트' 개념을 '정치 이념 시장의 최고 히트 상품' 중 하나로 만들었다며 자랑해왔다. 그는 자신의 칼럼에서 "한나라당의 유일한 활로는 '뉴라이트'로 상징되는 이념의 중간지역으로 진출하는 길밖에 없는 듯하다"고 썼다.

뉴라이트는 새로운 보수세력, 즉 '신우파'를 표방하는 정치적 움직임을 뜻한다. 뉴라이트는 자유주의와 시장경제 가치를 옹호하는 그룹으로 움직이기 시작했다.

이때만 해도 이동관은 한나라당이 포퓰리즘 정권을 넘어 합리적 비판 세력을 키워야 한다고 주장했다. 뉴라이트 개념에 동조한 정치인과 보수정치 연구자들은 2004년에 〈자유주의연대〉를 창립하면서 새로운 정치세력으로 등장한다.

뉴라이트의 활동은 김대중·노무현 정부에 대한 반작용으로 본격화되었다. 당시 노무현 대통령 탄핵 시도가 실패하고, 총선에서 한나라당이 참패하자 보수진영의 위기감은 극에 달했고, 이로 인해 뉴라이트가 탄생했다.

한국 보수정치에 이념의 날개를 달아준 사람들, 뉴라이트와 그 후예들은 누구인가?

그렇다. 뉴라이트의 정치 이념적 특징은 국가주의와 민족주의, 반공주의, 문화적 보수주의이다. 경제적으로는 시장 중심의 경제정책과 신자유주의적 경제개혁을 강조한다. 정부 개입의 최소화, 민영화, 친대기업 중심의 규제 완화 등을 내세운다. 경제적 성과주의를 중시하며, 노조 활동에 매우 비판적이다.

〈동아일보〉는 2004년 11월부터 2005년 2월까지 4부작 25

회에 걸쳐 뉴라이트 관련 기획기사를 실었다. 2004년 11월 신지호 전 의원이 주도한 자유주의연대가 창립했고, 2005년 11월엔 김진홍 목사가 뉴라이트 대중운동 단체인 뉴라이트전국연합을 출범시켰고, 2006년 4월엔 뉴라이트 이념과 사상을 연구하는 뉴라이트재단(이사장 안병직)이 설립됐다.

그러나 뉴라이트는 김진홍 목사가 이끈 뉴라이트전국연합 및 기독교 극우 세력과 연합한 후부터 극우 정치세력으로 급격히 변모하기 시작했다.

뉴라이트 운동은 이명박 정권 만들기에 앞장섰고, 뉴라이트 세력은 이명박 정권과 손잡으며 성장했다.

뉴라이트 세력은 이명박·박근혜 정부 전후로 역사 교과서 수정 작업을 주도하면서 이승만·박정희 전 대통령 재평가와 식민사관 논란 등의 중심에 서 왔다.

이들은 일제 강점기를 근대화의 시기로 재평가하려는 역사관을 내세우며 일제와 친일을 적극적으로 옹호한다. 진보진영의 역사 해석과 친일 청산에 반발한다.

〈한겨레〉는 "뉴라이트는 식민지 근대화론, 이승만·박정희 긍정적 재평가, '1948년 건국절' 주장 등을 펴면서 극우·친일 이미지를 강화했다. 교과서포럼이 2006년에 내놓은 '대안 교과서 한국 근현대사' 시안은 5·16 쿠데타를 혁명이라 하고,

4·19 혁명은 학생운동이라고 표기했다. 박근혜 정부는 (중·고등학교 역사 교과서가 '좌편향'됐다며) 한국사 교과서의 국정화를 시도했다가 교육 현장에서 외면당했다. 2019년 발간된 '반일 종족주의'(이영훈·이우연·김낙년)는 '뉴라이트=친일'이라는 인식을 키웠다"고 분석했다.

뉴라이트 세력은 윤석열 정부에서 다시 득세하여 뉴라이트 전성시대를 맞이했다. 윤석열이 앞세운 통치 이념의 배후에는 바로 그런 '뉴라이트' 세력과 그들의 후예인 '한국자유회의'라는 극우파 조직이 자리하고 있다.

독립유공자 및 그 유족·후손들이 결성한 단체인 광복회는 뉴라이트의 성격을 어떻게 규정하고, 정의하는가?

2024년 8월 광복회는 뉴라이트 단체에 대해 "뉴라이트는 해방 후 이승만 정부부터 지금까지 우리 정부가 일관되게 주장해 온 '일제 강점기 일본의 국권 침탈은 불법·무효이다'라는 입장을 뒤엎어 일본 정부의 주장대로 '식민지배 합법화'를 꾀하는 일련의 지식인이나 단체이다."라고 규정한다.

다음은 광복회가 뉴라이트에 대해 정의한 9가지 내용이다.

1. 이승만을 '건국 대통령'이라고 하는 자나 단체,
2. 1948년을 '건국절'이라고 주장하는 자나 단체,
3. 일제 강점기 우리 국적을 일본이라고 강변하는 자나 단체,
4. 대한민국 임시정부 역사를 폄훼하고 '임의단체'로 깎아내리는 자나 단체,
5. 식민사관이나 식민지 근대화론을 은연중 주장하는 자나 단체,
6. 일제 강점기 곡물 수탈을 '수출'이라고 미화하는 자,
7. 위안부나 징용을 '자발적이었다'고 강변하는 자나 단체,
8. 독도를 한국 땅이라고 할 근거가 약하다고 주장하는 자나 단체,
9. 뉴라이트에 협조, 동조, 협력하는 자나 단체 등이다.

이런 정의에 부합하는 매국 우파들이 지금도 대학 강단에서, 정부 기관에서 활개 치고 있다. 어떤 인사들이 있는지 찾아보면 금방 떠오른다.

뉴라이트는 어떤 분화 과정을 거쳐 어떻게 진화했나?

《대한민국 보수는 왜 매국 우파가 되었나?》라는 책을 쓴 이병권 저자는 〈민들레뉴스〉에서 이렇게 밝히고 있다. "2004년 〈자유주의연대〉 창립을 기점으로 '뉴라이트'라는 새로운 정치세력이 등장했고, 2008년 김진홍 목사가 이끄는 〈뉴라이트전국연합〉의 출범과 함께 기독교 극우 세력과 연합했습니다. 아스팔트 태극기 부대를 만들어 이명박 정부의 핵심 지지기반으로 자리 잡았습니다. 2017년부터는 과거 총리를 지낸 노재봉 씨가 이끄는 〈한국자유회의〉가 그 뒤를 이어 뉴라이트의 논리 발전(version-up)과 보수 정권 내 정책화에 골똘하고 있습니다. 현재 윤석열 정부에서 요직을 차지하고 있기도 합니다. 현재 뉴라이트, 매국우파는 안병직이 설립한 〈낙성대경제연구소〉가 이론적 토대와 '인재 양성'을, 〈한국자유회의〉가 정책화를 통해 끌고 가는 것으로 보입니다. 과거 민주화운동의 선봉에 섰던 이들과 이들에게 '감화'된 후예들이 이제는 보수우파 정권의 이데올로그(이념가)로 변모한 것입니다."

보수 정권의 사상적 토대가 된 '한국자유회의'는 어떤 곳인가?

'한국자유회의' 단체는 2017년 1월 23일 서울 프레스센터에서 출범했다.

한국자유회는 "북한 정권의 통일전선전략을 추종하며 허구를 앞세운 선전선동으로 국민의 정치의식을 오도하여 국가적 정통성을 파괴하려는 전체주의적 전복 세력에 맞선다"라고 창립선언문에 밝히고 있다.

'한국자유회의'가 보수 대 진보라는 허구의 도식으로 전체주의와의 사상·문화전쟁을 선포한 당시는 박근혜 대통령 퇴진을 요구하는 촛불집회가 열리던 바로 그때였다. 뉴라이트 세력은 시민들의 자발적 촛불집회를 북한 추종세력이 주도하는 대한민국 체제 전복 시도라고 평가절하해왔다. 이 지점에서 윤석열과 극우 보수세력의 인식이 일치한다.

한국자유회의는 노태우 정권 때 국무총리를 지낸 노재봉 전 서울대 교수가 이끌고 김영호 통일부 장관이 실무를 맡았다. 한국자유회의 발기인은 모두 149명. 일제 강점기 위안부를 매춘의 일종이라고 한 류석춘 전 연세대 교수, 윤석열 정부의 외교·안보 실세인 김태효 국가안보실 1차장, 5·18 광주

한국자유회의 발기인 명단

△ 김광동 나라정책연구원 원장 △ 김영호 성신여대 교수 △ 김태효 성균관대 정치외교학과 교수 △ 노재봉 전 국무총리 △ 도태우 변호사 △ 도희윤 피랍탈북인권연대 대표 △ 류석춘 연세대 사회학과 교수 △ 박인환 건국대 법학전문대학원 교수 △ 복거일 문화미래 포럼 대표 △ 양동안 한국학중앙연구원 명예교수 △ 윤창현 서울시립대 교수 △ 이영훈 서울대 경제학부 교수 △ 이재교 세종대 교수 △ 이철순 부산대 정치외교학과 교수 △ 이춘근 이화여대 겸임교수 △ 이황우 동국대 명예교수 △ 이희범 애국단체총연합회 사무총장 △ 인보길 뉴데일리 대표 △ 임헌조 자유주의진보연합 공동대표 △ 장진성 탈북시인 △ 정경희 영산대 자유전공학부 교수 △ 조우석 미디어펜 주필 △ 조전혁 전 인천대 교수 △ 차기환 변호사 △ 홍관희 고려대 북한학과 교수 등

출처 : <윤석열 정권의 역사쿠테타 뿌리는 어디인가> 조국혁신당 긴급토론 자료집, 2024.09.12.

민주화운동 북한 개입설을 주장한 김광동 진실·화해를위한 과거사정리위원장, 정승윤 국민권익위 부위원장, 강규형 국가기록관리위원장, 박주희 대통령 직속 지방시대위 위원, 《반일 종족주의》를 쓴 이영훈 전 서울대 교수도 발기인이다. 학창 시절에 좌익활동을 했던 좌파 운동권 출신들이 변신, 변

절하여 뉴라이트로 옮겨간 이들도 많다.

이런 뉴라이트 계열의 극우적 엘리트들이 윤석열 정부에서 요직을 차지했고 윤석열 정부의 국정운영에 직간접으로 관여했다.

이들은 일제 식민지배가 조선의 근대화를 도왔다는 주장을 펼치고, 대한민국 임시정부의 법통을 부정한다. 이승만을 건국 대통령으로 추앙하고, 박정희 독재를 미화한다. 남북 대화 대신 북한 인권운동을 중시한다.

친일 색채의 《반일 종족주의》, 어떤 사람들이 썼나?

친일 논란을 부른 《반일 종족주의》의 주요 필자는 이영훈 전 서울대 교수이다. 그는 1951년에 태어나 1970년 서울대학교 상과대학 경제학과에 진학한다. 대학 재학 시절에는 김문수 고용노동부 장관과 함께 운동권에 가담하여 노동운동, 민주화운동을 하기도 했다. 1984년 한신대학교 경제학과 교수로 임용된 후, 2002년 서울대학교 경제학부 교수로 자리를 옮겨 2017년 2월 말까지 재직하였다.

이런 이력을 가진 이영훈이 2019년 친일 논란을 일으킨

《반일 종족주의》라는 책을 써서 파란을 일으켰다. 이 책은 이영훈, 김낙년, 김용삼, 주익종, 정안기, 이우연 등이 공동저자이며, 경제사학 시각에서 '식민지 근대화'론을 다루고 있다. 출간 당시 학계의 논쟁 덕에 베스트셀러에 오르기도 했다.

이영훈은 《반일 종족주의》에서 우리 국민의 반일 감정에 따른 당연한 민족주의 의식을 한낱 종족주의에 불과하다며 깎아내린다. 이영훈과 공동 저자들은 오늘날 한국 사회 위기의 근원을 우리 국민의 반일 종족주의적 태도라 보고, 한국인의 민족주의를 종족주의로 비하하고 있다.

일본이 반가워하는 이영훈의 역사 인식을 그의 발언으로 알아보자.

《반일 종족주의》는 일제 강점기 당시 일본은 조선에서 식량을 수탈하지 않았고, 징용과 일본군 '위안부' 동원에 강제성이 없었으며, 독도가 원래 우리 땅이라는 역사적 근거도 없다고 주장한다. 한 마디로 친일 사관이다. 이런 사람들이 바로 뉴라이트 세력의 역사관을 대표한다.

《반일 종족주의》 책은 일본어로 번역되어 2019년 11월 발매에 돌입하자마자 '아마존 재팬' 도서부문 판매 1위에 등극하기도 했다. 일본이 좋아할 만했다. 〈반일 종족주의〉 일본어판을 발간한 일본의 〈문예춘추(文藝春秋)〉는 발간에 앞서 공동저자인 이영훈, 이우연 씨의 인터뷰 기사를 수차례 특집으로 다루며 일본 우익의 기대를 한껏 불러 모았다.

이영훈 교수는 일본 〈문예춘추〉와의 인터뷰에서 우리 한국인을 한마디로 '거짓말하는 민족'으로 폄훼했다.

〈문예춘추〉 인터뷰 전문을 번역해 게재한 〈팬N마이크〉 기사에 따르면, "반일 종족주의의 근저에는 오랫동안 계속된 조선 사회의 폐쇄적 세계관이 있다고 생각한다. 즉 중화사상이다. 한편 일본에 대해서는 무지해서 20세기 초반까지 바다에 떠 있는 야만의 '오랑캐(夷)'라고 인식해 왔다. 객관적으로 존재하는 일본이라는 나라의 정치·경제·역사·문화에 관해서는 아무것도 모르고, 조선이야말로 중국을 계승한 세계 제2의 나라라고 생각하면서 일본을 경시하고 무시해왔다." 이것은 인터뷰 당시 이영훈의 발언이다.

이영훈이 '반일 종족주의'라는 말을 생각해낸 것은 다음과 같은 이유 때문이라고 했다. "'한국은 남북 분단이라는 과실(잘못)로 생긴 나라이고 남북통일을 통해 비로소 진정한 나라가 된다'라는 정치적 이데올로기를 추구하는 사람들이 있다.

이들은 국가에 대한 건전한 애국심이 결여되어 '애족주의'만을 강조하고 있다. 이것을 어떻게 표현해야 할지 오랫동안 숙고해 온 끝에, 저는 '종족주의'라는 말을 생각해냈습니다."

조국 전 조국혁신당 대표는 이영훈의 '반일 종족주의'를 강하게 비판하며 이에 동조하는 이들을 '친일파'로 부를 자유가 있다고 반박했다. 또 "이런 주장을 공개적으로 제기하는 학자, 이에 동조하는 일부 정치인과 기자를 '부역·매국 친일파'라는 호칭 외에 무엇이라 불러야 하는지 알지 못한다"고 비꼬았다.

뉴라이트 세력에 역사 쿠테타의 자양분을 제공한 '식민지 근대화론'이 무엇인가?

1987년 안병직 서울대 경제학부 명예교수가 그의 제자들과 낙성대경제연구소를 만들었다.

안병직과 그의 제자 이영훈을 중심으로 한 낙성대경제연구소는 1989년과 1992년에 걸쳐 일본 도요타재단(豊田財團)으로부터 거금을 지원받아 조선의 식민지 연구를 수행했다. 도요타재단의 자금 지원 사실은 이영훈의 언론 인터뷰로 잘 알려져 있다.

1987년 10월 〈한국의 경제 발전에 관한 역사적 연구〉라
는 주제로 한일 공동 연구가 시작됐다. 도요타재단의 연구비
지원에 힘입은 한일 공동 연구팀은 《근대조선의 경제구조》
(1989), 《근대조선 수리조합연구》(1992) 등을 결과물로 내놨
다. 이후에도 낙성대경제연구소는 일제 강점기 조선의 산업
화와 경제 발전에 관한 연구를 계속했다. 이영훈, 김낙년을
포함한 연구소 소속 연구원들은 각종 개인저작물과 공동저작
물을 쏟아냈다. 바로 그때의 연구 방향과 결과를 정리하여 안
병직이 이름을 붙인 것이 '식민지 근대화론'이다.

안병직이 주장하는 '식민지 근대화론'은 현대 한국의 경제
적·정치적 성장의 원동력을 일제 식민지 시대에서 찾는 하나
의 이론 체계다. 문제는 연구 방향과 그 결과가 매국적 친일
역사관으로 치우쳐 있다는 것이다.

그런데 수십 년이나 지난 케케묵은 '식민지 근대화론'이 왜
오늘날에도 버젓이 살아있는가. 그것은 유령인가 실체인가.
그것의 환생을 도운 세력이 바로 뉴라이트 및 극우 보수세력
들이다. 그들은 윤석열 정부에서 되살아나 주요 정부 기구의
요직을 차지하고 있다. 그리고 식민지 근대화론은 그들이 자
행하고 있는 역사 쿠데타의 자양분 역할을 하고 있다.

안병직의 '식민지 근대화론'은 일제 강점기에 일본에서 유입된 기술과 자본으로 한반도의 근대화가 이뤄졌으며, 해방 후에는 이에 힘입어 한국의 경제성장이 가능했다는 게 골자이다.

한마디로 '조선의 근대화는 일본의 힘'이며 일제 식민통치가 조선인에게 혜택을 주었다는 주장이다. 이는 1970~80년대 한국인에 의한 주체적 경제성장의 공로를 일본 제국주의 덕택으로 돌리는 매국적 행태이다.

식민지 근대화론을 철석같이 신봉하는 자들은 일제의 '양곡 수탈'을 '수출'로 둔갑시키고 조선 백성들이 겪은 수난의 역사까지 부정하고 있다.

안병직 교수는 이렇게 말한 바 있다. "36년간 일본이 투자했던 것을 점령자인 미군에게 모두 빼앗긴 채 한국에 고스란히 두고 갔다. 투자한 걸 모두 뺏긴 일본이 과연 한국을 수탈한 것일까. 일제의 수탈론은 객관적으로 다시 평가할 필요가 있다."

이병권 인문연구가는 '식민지 근대화론'의 요체를 다음과 같이 정리한다.

"첫째, 애초부터 근대화(자본주의)적 맹아가 없었던 조선이 근대화된 것은 일제가 식민지 시절 한국에 이식한 자본주의 투자 덕분이며, 둘째, 이 자본주의적 토대를 바탕으로 해방 이후 한국의 자본주의가 발전할 수 있게 되었다. 셋째, 1980년대 이후 한국경제의 비약적인 성장은 오로지 일본의 자본주의 이식의 결과이고, 따라서 일제에 부역한 친일 인사들이 선구자이며, 독립운동가들은 테러리스트이고, 넷째, 강제노역이나 위안부는 모두 돈을 벌기 위한 경제행위로 치부한다. 이러한 안병직과 그 일파들의 주장은 조선총독부 자료를 자신들의 입맛에 맞게 가공한 자료에 기초한 것에 불과하다."

안병직의 '식민지 근대화론'은 그의 제자인 이영훈과 낙성대경제연구소를 중심으로, 매우 친일적인 방향에서 지금도 기승을 부리고 있다.

안병직이 촉발하고 뉴라이트 세력이 옹호하는 '식민지 근대화론'에 대해 황석영 작가는 이렇게 일침을 놨다.

"그냥 쉽게 말할 수 있어요. 우리 집에 도둑놈이 들어왔는데 이 자가 담에다 사다리를 걸쳐놓고 들어와서 물건을 훔쳐간 다음 사다리를 두고 간 거야. 그게 식민지 근대화론이지. 이런 명쾌한 걸 가지고 무슨 이데올로기화가 필요해?"

일본이 준 거금으로 한국 학자들이 식민지 조선을 연구했다는 게 사실인가?

"조선은 스스로 근대화될 능력이 없었다. 일본에 의해 자본주의 초석이 놓이면서 한국의 자본주의화가 가능해졌다. 오늘날 한국경제가 크게 성장한 것은 일본의 도움이 절대적이었다."

이런 친일적 연구는 낙성대경제연구소에서 시작됐다,

안병직과 이영훈(2025년 현재 이승만학당 교장)은 1987년 낙성대경제연구소를 세운 후, 일본 도요타재단(豊田財團)으로부터 연구지원비를 받아 조선의 식민지 연구를 수행했다. 도요타재단의 공동연구 프로젝트는 '한국의 경제 발전에 관한 역사적 연구'라는 주제였다. 당시 조선의 식민지 연구를 수행한 학자는 낙성대경제연구소의 안병직, 이영훈을 포함해 14명이었고, 일본 측에서도 나카무라 사토루(中村哲) 교토대학 경제학부 교수를 중심으로 여러 학자가 참여했다.

이영훈은 낙성대경제연구소가 도요타재단으로부터 받은 연구 지원금은 300만엔 정도라고 〈오마이뉴스〉 인터뷰에서 밝혔다.

도요타재단이 추진한 연구 프로젝트의 목적은 일제 식민통치가 한국의 경제·정치 발전에 어떤 영향을 주었는가를 규명하는 것이었다. 반면에 국내 역사학자들은 도요타재단의 연구 목적이 사실은 연구 효과라고 보았다. 일본의 노림수가 일제의 식민통치 합리화라는 것이다.

실제로 도요타재단이 추진한 식민지 연구 프로젝트 이후 한국 지식인 사회에는 식민지 근대화론이 근거 있다는 듯 널리 유포되었다. 일본 제국주의가 조선을 지배하지 않았으면 오늘날처럼 한국이 발전할 수 없었을 거라는 논리이다. 낙성대경제연구소가 수행한 조선 식민지 연구 이후 한국의 경제적·정치적 성장의 원동력을 일제 식민지 시대에서 찾으려는 친일 매국적 연구가 곳곳에서 벌어진 것이다.

낙성대경제연구소의 식민지 연구 프로젝트에 대해 역사학자 김종성은 다음과 같이 비판한다.

"이영훈·안병직으로 대표되는 낙성대파 학자들은 (…) 식민지 문제를 연구하면서 그 식민지의 가해자인 일본의 대표적 기업으로부터 연구자금을 지원받은 것은 윤리적 논란을 피할 수 없는 일이다.

만약 '일제 식민통치가 조선에 혜택을 주었다'는 것이 자신의 신념이고 그것을 연구 성과로 만들고 싶다면, 그런 연구는 자기 비용으로 수행하는 것이 마땅하지 않을까? 일본 측의 자

금 지원을 받아 식민지 연구에 착수했다면 그 연구는 원초적
하자를 내포한 연구일 수밖에 없다."

윤석열의 역사관은 뉴라이트 역사관을 빼닮았나?

뉴라이트 세력은 일제 강점기의 조선을 패배자로 낮추어
보는 승자의 역사관을 가진다. 그래서 일본은 추어올리는 경
향이 있다.

윤석열 정부에서 요직을 차지한 뉴라이트 세력이 윤석열 정
권 내내 대일 저자세 외교로 일관했다는 사실은 일제 강제동
원 피해자에게 지급해야 할 배상금을 일본 기업 대신 우리 정
부가 민간 기부금을 받아 지원하는 '제3자 변제' 방식으로 강
행, 육군사관학교에 설치된 독립운동가 홍범도 장군 흉상 철
거 시도, 우리 정부의 찬성하에 일본이 조선인 노동자들의 강
제노동 현장이었던 사도광산을 유네스코에 등재한 사건 등에
서 충분히 알 수 있다. 이 모두가 윤석열이 추진한 정책이다.

2024년 일본의 과거사를 단 한 차례도 담지 않은 '일본 비판
빠진' 윤석열의 광복절 경축사 내용도 윤석열의 매국적 역사
관을 고스란히 드러낸 것이다. 윤석열의 광복절 경축사 문제

를 해명하는 과정에서 김태효 국가안보실 1차장은 "중요한 건 일본의 마음"이라고 말했다. 이어서 김태효는 "마음이 없는 사람을 다그쳐서 억지로 사과를 받아낼 때 '그것이 과연 진정한가, 한·일 관계 협력에 도움이 되는가'라고 되물었다. 놀랍다는 반응은 즉각 일본에서 나왔다. 국민의 마음보다 일본의 마음이 중요하다는 윤석열과 김태효. 이때 일본과 군사동맹을 맺기 위해 간도 쓸개도 다 빼주고 있다는 비판이 쏟아졌다.

뉴라이트는 왜 일본을 추어올리는 태도를 보일까?

뉴라이트의 역사관은 시장경제를 중시하는 시장주의가 합리적이라는 관점에서 출발한다. 문제는 경제학에서 주장하는 시장 논리를 역사관에도 개념 없이 적용하고 있다는 것이다.

즉 일본 제국주의 시대에 식민지라는 경쟁 시장에서 승리한 자에 대해서는 아무 비판도 없이 미화하는 태도다. 뉴라이트는 '승자의 역사관'을 전적으로 긍정한다. 이런 뉴라이트의 관점에서 보면, 열강이 겨루던 제국주의 시장에서 일본은 승자였고 조선은 패배자였다.

이런 뉴라이트의 역사관으로 세계를 보면 일제에 강제동원된 한국인과 일본군 위안부는 피해자에서 실패자로 바뀐다는 점이다.

이렇듯 민족주의 역사관을 버리고 식민사학을 선택한 뉴라이트 세력은 과거보다 현재가 더 중요하다는 논리로 자신들에 대한 비판을 교묘히 피해간다.

극우 보수세력들은 우리 헌법을 어떻게 보고 있는가?

우리 헌법은 "대한국민은 3·1운동으로 건립된 대한민국임시정부의 법통을 계승한다"라고 전문에 명시하고 있다.

그러나 뉴라이트 성향 인사들은 이처럼 헌법이 선언한 국가 정체성마저 무시한다. 1945년 8월 15일을 광복절로 인정하지도 않는다. 이영훈 교수는 2006년 7월 31일 〈동아일보〉에 '우리도 건국절을 만들자'라는 제목의 칼럼에서 "광복은 우리의 힘으로 이루어지지 않았"고, "일제가 무리하게 (…) 미국과 충돌하여 제국이 깨어지는 통에 이뤄진 것"이라며 광복절을 평가절하했다. 그리고는 남한 단독정부가 들어선 1948년 8월 15일을 건국절로 하자고 주장했다.

뉴라이트는 국가의 3요소는 국민·영토·주권이라며 우리는 국가의 3요소가 갖춰지지 않았다는 이유를 들어 임시정부와 광복절을 평가절하하는 것이다.

하지만 뉴라이트가 추앙하는 이승만 대통령은 '민국 30년'
이란 연호를 쓰며 1919년 임시정부가 수립된 해가 건국의 뿌
리임을 분명히 했다. 더욱이 이승만 대통령은 강경한 반일 민
족주의자였다.

젊은 시절에 노동운동, 민주화운동을 하던 인물들은 왜 뉴라이트로 말을 바꿔탔나?

1990년대 후반에 '전향한 운동권' 출신들, 북한 주체사상을
신봉하던 주사파 일부도 뉴라이트에 합류했다. 이들은 1989
년 동유럽 사회주의권 붕괴와 1991년 소련 붕괴 뒤 이론적 구
심점을 잃고 방황하다가 새 활로를 찾는다. 대안으로 북유럽
식 사회민주주의를 내걸고 진보정당을 창당했으나 선거에서
평가받지 못했고, 이후 뉴라이트로 전향해 정치세력화를 모
색했다. 김문수 고용노동부 장관이 대표적이다.

문제는 매국적 우파 집단으로 변모한 이들이 윤석열 정부
에서 살아나 이념 정치를 선동한다는 것이다.

이병권 인문연구가는 자신이 쓴 《대한민국 보수는 왜 매국
우파가 되었나?》라는 책에서 민주화운동에 투신했던 옛 운동

권 출신의 변절 인사들을 대놓고 혹평한다. 그들은 양지만을 찾는 엘리트주의자들이라는 것이다.

"1986년에 본격화된 NL(민족해방)계 운동권과 주사파는 불과 3년 만인 1989년 전대협을 결성, 한국 변혁 세력의 중심체가 되었다. 그러나 이들이 확신했던 변혁노선은 불과 10년도 가지 않았다. 깃발을 들었던 다수의 주체가 전향을 선택하고, 동지를 손가락질하며, 그 동지들을 '종북 세력'으로 낙인찍는 데 앞장서게 된다. 그들은 자신들이 다시 1등을 할 수 있는 기반을 '보수'에서 찾았고, 북한민주화운동이라는 정반대의 좌표를 찾게 된다. 혹자는 이들의 변신을 용기 있는 선택이라고 했지만, 결국 '뉴라이트'로 말을 바꿔 탄 후 20여 년 동안 그들이 보여준 것은 진정한 사회 변혁이나 민주주의와는 거리가 멀었다. 기득권 세력에 편승해 1등 자리를 누리고 큰소리칠 수 있는 위치를 노렸던 것으로 확인된다."

'뉴라이트'나 '극우' 성향으로 분류되는 인사가 윤석열 정부 기구에 얼마나 자리를 차지하고 있는가?

〈경향신문〉 2024년 8월 13일자 기사에 따르면, 윤석열 정

<윤석열 정부 역사·역사교육 기관 임원들의 '뉴라이트' 지목 단체 활동 이력>

교과서포럼 (2006. 1. 발족, 최소 7명)	뉴라이트전국연합 (2006. 12. 발족)	한국현대사학회 (2011. 5. 발족, 최소 8명)	박근혜 정부 '교학사' 국정교과서 참여 (2016-2017, 최소 1명)
김광동 진실·화해를위한 과거사정리위원회 위원장	김용직·강규형 독립운동 훈격 국민공감위원회 위원	박지향 동북아역사재단 이 사장	허동현 국편위원장(편찬 심의위원)
허동현 국사편찬위원회 위원장		허동현 국편위원장	
이배용 국가교육위원회 위원장		이명희 한중연 이사	이명희 한중연 이사
김주성 한국학중앙연구원 이사장		김주성 한중연 이사장	
김낙년 한 국 학 중 앙 연 구 원 원장		박주석 국가기록관리위 원	
김용직·강규형 독립운동 훈격 국민공감위원회 위원		김용직·강규형·김명섭 독립운동 훈격 국민공감위원회 위원	김용직·이민원 독립운동 훈격 국민공감위원회 위원

출처 : <경향신문>, 뉴라이트, 윤 정부 '전면에'…역사 기관 25개 요직 장악, 2024.08.13. https://www.khan.co.kr/article/202408130600041

부의 역사·역사교육 관련 기관 임원 중 최소 25개 자리를 뉴라이트나 극우 성향으로 평가받는 인사들이 차지한 것으로 확인됐다. 문재인 정부에서 임명된 기관장과 임원들을 '우편향' 인사들로 속속 교체한 것이다. 이에 따라 이명박·박근혜 정부 때의 '역사 수정' 움직임으로 회귀하고 있다는 비판이 나왔다.

2장

착한

권력은

없다

1. 당신이 믿는 권력은 정말 선한가?

어쩌다 '계엄령'을 '계몽령(啓蒙令)'이라 부르는 극우 전성 시대가 되었나?

문형배(헌재소장 권한대행) : "이진우 수도방위사령관, 곽종근 특수전사령관에게 계엄 선포 후 계엄 해제 결의를 위해 국회에 모인 국회의원들을 끌어내라고 지시한 적이 있으십니까?"
윤석열 : "없습니다."

수방사령관, 특전사령관, 경찰청장 등이 국회에 나와 대통령의 지시를 직접 들었다고 공개적으로 증언한 내용을 윤석열은 자신의 지시를 낯빛 하나 바꾸지 않고 도리도리하며 한 단어로 부정해 버렸다.

"국민들은 이 사건 비상계엄을 계몽령이라 이해하고 있다."
"비상계엄은 처음부터 반나절이었고, 국민들에게 경각심을 호소하기 위한 것"이었다. 이 말은 윤석열 측 조대현 변호사가 헌법재판소 탄핵 심판 4차 변론에서 주장한 말이다. 이권에만 영리한 엘리트 변호인의 추악한 변명이다.

윤석열 변호인단은 '비상계엄이 국민을 깨우기 위한 수단'이었다는 의미로 헌법재판관 앞에서 '계몽령(啓蒙令)'이라고 주장했다. 이런 궤변은 국민을 바보로 생각하지 않는다면 나올 수 없는 도무지 황당한 주장이랄 밖에.

그런 주장에 대해 〈동아일보〉는 "12·3 비상계엄이 '계몽령'이면, 윤 대통령은 시대를 앞서가는 선각자이고 국민은 무지와 미몽에서 깨어나지 못한 '우민(愚民)'이라는 말인가"라고 되물었다. 반면에 〈조선일보〉는 젊은이들이 더불어민주당의 폭거를 깨닫고 유튜브 등 디지털 공간에서 '계엄'을 '계몽'이라 풍자하고 있다며 '계몽령'을 추켜올렸다. 극우 보수언론이 정치적 양극화와 편가르기를 부채질하는 꼴이다.

12·3 내란이 유권자에겐 정치 불신의 소재로, 극우 유튜버들에겐 돈벌이의 먹잇감이 되고 있다.

유튜브 채널 '꽃보다 전한길'은 부정선거 음모론을 영상으로 제기한 뒤 구독자 수가 기존의 57만 명에서 103만 명으로 급속히 늘어났다. 단 11일 만이었다(2025.01.30. 기준). 전한길은 '울면서 호소드립니다'라는 제목의 영상에서 격앙된 목소리로 헌법재판소 재판관들과 더불어민주당을 맹비난했다.

개소리 미디어가 지배하는 한국 사회, 시민민주주의의 적들이 판치는 사회, 가히 극우 전성시대인 것이다.

헌법재판소 변론에서 윤석열은 국회의 병력 투입 지시에 대해 "병력 이동 지시는 합법적이기 때문에 군인이 따른 것"이라고 먼저 말한 후, 이어서 "반민주적 지시는 따르지 않을 것이라는 걸 다 알고 있었다"고 말했다. 이런 구차한 변명조차 모순된 발언으로, 윤석열은 이미 반민주적 지시를 했다는 사실을 알고 있었고, 이를 인정한 거나 마찬가지다.

윤석열이 내란죄로 구속기소되자 이재명도 같은 잣대로 구속하라는 사람들이 있다. 비교 가능한 사안인가?

검찰은 12·3 내란 사태 54일 만인 2025년 1월 26일 현직 윤석열 대통령을 내란 우두머리 혐의로 구속기소 했다. 헌정 사상 초유의 일이다. 그러자 극우 보수세력들이 들고 일어나 왜 이재명 더불어민주당 대표는 구속 수사하지 않느냐며 사법부를 성토했다.

이런 뉴스에 반응한 시민의 글이 눈에 들어왔다.

"정신병자들아! 민주공화국은 법으로 통치하는 거야! 국회는 법을 만들고! 사법은 그 법으로 판단·재판하고! 행정부는 그 법을 실행하는 거야! 이번 내란은 이 3권을 다 장악하려다 발생한 것이고!" 어느 보통 시민의 정확한 지적이다.

윤석열의 내란죄는 사안과 죄질의 경중에서 이재명 대표의 사법 리스크와 비교할 수 없다.

이재명 대표는 크게 선거 과정에서 허위사실 공표와 관련된 선거법 위반 혐의, 대장동 및 백현동 개발과 관련해 개발업자들에게 특혜를 주었는가 등이 쟁점 사안이며 재판 중이다. 최종 판결이 어찌 될지 모른다.

반면에 윤석열의 내란죄는 '총을 쏴서라도 국회의원들을 끌어내라', '정치인 체포조' 운영, '비상입법기구 설치' 지시 등 내란 수괴를 입증할 증언·증거 등이 차고 넘친다. 검찰은 "헌법상의 국민주권 제도, 의회제도, 정당제도 등 자유민주적 기본질서를 파괴하려는 국헌문란 목적"이었다고 공소장에 적었다.

'아스팔트 우파'로 상징되는 극우 보수세력들은 도대체 어떤 사람들인가?

윤석열의 12·3 내란은 확증편향confirmation bias에서 비롯됐다. 무서운 신념이다. '우리 국회는 범죄자 집단의 소굴, 괴물'이므로, 12·3 계엄은 망국의 원흉 반국가세력을 일거에 척결하기 위한 구국의 의지를 실행에 옮긴 거라고 주장한다. 이것이 바로 윤석열의 확증편향이다. 그는 확증편향을 넘어 망상증 환자다.

극우 보수세력들은 윤석열의 망상과 과잉신념, 확증편향 때문에 발생한 내란의 진실은 외면한 채 그를 옹호하는 데 혈안이다. 그들은 앞으로도 줄곧 그럴 것이다. 그들은 '이상한 놈', '나쁜 놈', '미친놈', 이 세 가지를 모두 포괄하는 사람들이다. 달리 표현할 길이 없다.

그들은 국민의힘 일부, 극우 이념팔이 소셜 미디어, 태극기 부대 등을 포괄하는 극우 카르텔 세력이다.

그들의 맹렬 애국심 뒤에는 야비한 얼굴이 숨어 있다. 상대에 대한 증오심, 혐오감이 그것이다. 국민을 분열시켜 분노와 증오로 상대를 죽이게 하는 무서운 감정이다. 이런 권력이 선한 권력일까?

그들은 12·3 친위 쿠데타 후에도 정부에 깊숙이 개입한 친일 매국적 엘리트 카르텔 세력을 통해 일제강점기를 한국 근대화의 필수 과정으로 미화하고, 일제 통치가 우리나라 경제 발전에 기여했다는 친일 학자들의 '식민지 근대화론'을 옹호하며 지금도 역사 쿠데타를 자행하고 있다.

역사 쿠데타 세력은 광복 이후 단죄되지 않은 친일 세력의 대를 이어 윤석열 정부의 주요 기구에서 요직을 꿰차고 일제 강점기 우리 민족의 아픈 역사를 왜곡하는 데 서슴지 않고 있다. 국가와 민족의 정체성을 파괴하고 있다. 이것이 친일 매국 우파가 자행하고 있는 역사 쿠데타이다.

그들은 왜 툭하면 전쟁, 강력한 대북 타격을 들먹거리며 나라를 위태롭고 위험하게 만드는 걸까?

민주주의가 일정 궤도에 올라선 한국 사회에서 북한이라는 특수한 존재를 떼 놓고 극우 보수세력을 설명할 수는 없다. 그들은 한국전쟁 세대와 기독교 반공 세력, 태극기 부대 세력, 압축성장 시대에 부를 축적해온 사람들의 집합체이다. 그들은 권위주의적 박정희 경제성장 시절의 과거를 그리워하고, 과거 반공 체제의 자장 속에서 안온함을 느낀다. 그런 까닭에 지난 문재인 정부의 대북 평화정책에 대해서는 극한 혐오와 알레르기 반응을 보인다.

MBC가 좌파 노조에 먹혀 북한 체제를 찬양하고 있다든가, 민주노총이 북한과 내통하고 나라를 헌납하려 한다는 음모론에 심취해 있다. 더불어민주당을 '종북(從北) 반국가세력'으로 간주한다.

그러니 툭하면 강력한 대북 타격을 운운하며 이념전쟁을 일삼는다. 정직성과 도덕성에 기초하지 않은 프레임 전쟁이다. 이런 권력이 정말 선한 권력인가?

헌법 조항을 가지고 누가 어느 정당이 종북세력인지 따져 보자.

대한민국은 법치국가이고 모든 법의 으뜸은 헌법이다. 대한민국의 주인은 국민이다.

헌법은 제1조에서 "대한민국은 민주공화국이고, 대한민국의 주권은 국민에게 있고 모든 권력은 국민으로부터 나온다"고 주권재민의 정신을 선언하고 있다.

"대한민국은 통일을 지향하며, 자유민주적 기본질서에 입각한 평화적 통일정책을 수립하고 이를 추진한다." 이게 헌법 4조의 내용이다.

"대통령은 조국의 평화적 통일을 위한 성실한 의무를 진다." 이는 헌법 제66조 내용이다.

즉 헌법은 대통령과 정당에 평화적 통일정책을 수립하고 추진하라고 명령하고 있다. 반면에 국민을 분열시키고 이념 전쟁을 일삼는 세력이 있다.

그렇다면 누가, 어느 정당이 이런 헌법 내용에 반하는 정치를 하고 있는가?

이런 그들을 이상한 놈, 나쁜 놈, 미친놈이라 부르는 것이 문제일까?

보수와 극우는 전혀 다른 정치세력이다. 건전 보수세력은 체제를 인정한다. 보수주의는 대체로 법과 질서, 전통과 윤리를 중시하는 이념이다. 반면 극단적 보수주의 행태는 정치적 이념이나 사상으로 볼 수 없다.

보수 정치인 중에 경제 발전을 위해서라면 군사 독재식으로 노조를 없애야 한다고 주장한다. 지금 한국의 보수 정치세력은 그 같은 극우화로 치닫고 있다. 극우 보수세력은 헌법을 위반하고, 법원에서 폭동을 일으키면서까지 자신들이 원하는 질서를 세우려 했다. 법과 전통을 중시하는 기존의 보수와 분명히 구분되는 극우적 행태이다. 윤석열은 집권 2년차부터 극우적 독재화의 길을 노골화하기 시작했다.

극우 보수세력은 체제를 인정하지 않는다. 윤석열과 극우 보수세력이 주장하는 부정선거 음모론과 국회 해산론은 체제 부정이다. 윤석열은 보수가 아니라 극우이다. 극우 보수를 제거해야 건전 보수가 진보 세력과 평형을 이뤄 국민을 위한 정치적 경쟁을 선하게 할 수 있다.

쿠데타는 용서와 화해의 대상이 아니다. 보수 논객 조갑제조차 윤석열에 대해 "그는 미쳤다. '미쳤다'는 말 이상의 적확한 표현은 없다"고 했고, "국민의힘 당은 이적단체이다. 썩은 새끼줄을 잡고 인수봉으로 오르려 한다. 미치광이를 끼고 도는 집단도 미치광이다. 곱게 미친 것이 아니라 더럽게 미친 것"이라고 일갈했다.

그는 방송에 출연하여 이렇게 말하기도 했다. "부정선거 음모론자들이 항상 이야기하는 게 우리(나라)는 전산 투개표다. 이건 완전히 거짓말이거든요. 우리(나라)는 수 개표 아닙니까?

사건반장

Jtbc news

"부끄럽지도 않나"
총구 잡고 호통친 안귀령

출처 : <Jtbc>, 2024.12.04

그러니까 해킹이 안 되는 거예요."

"그런데 윤석열 대통령이 여기에 속아 넘어가서 비상 계엄령을 선포하고 선관위를 습격한 거 아닙니까? (...) 지금 국회는 부정선거로 당선된 사람들이 지배하고 있으므로 이런 국회는 해산해야 된다, 그리고 비상입법기구를 만들겠다, 이런 망상을 가지고 한 거 아닙니까? 이게 있을 수가 있습니까? 이런 일이 어떻게 대한민국에서 벌어지느냐 이겁니다."

프랑스 소설가 알베르 카뮈가 말했다. "어제의 범죄를 벌하지 않는 것은 내일의 범죄에 용기를 주는 것과 똑같이 어리석은 것이다."

우리 국민은 내란 사태를 겪으면서 지도자의 철학, 정신세계가 얼마나 중요한지 알았다.

"말을 잘하는 것과 말재주는 다른 것이다. 국가 지도자의 말은 말재주 수준이 아니고 사상의 표현이며 철학의 표현이다." "가치와 전략, 철학에 담긴 말을 쓸 줄 알아야 지도자가 되는 법이다." 노무현 전 대통령의 말이다.

권력자의 말 한마디는 보통 사람들의 말과 달리 엄중한 무게와 가치를 지닌다.

지도자의 철학적 기초는 국민을 위한 정치를 지향해야 한다는 것이다. 대통령은 개인의 권력 유지가 아니라 국민의 이익을 최우선으로 삼아야 한다. 지도자의 정신세계는 균형 잡힌 사고와 도덕성에 기반한다.

윤석열은 애당초 정치철학도, 정치적 신념도 없었던 검객일 뿐이다. 그는 문재인 정권에서 적폐청산 수사로 보수진영 인사들을 잡아넣으며 이름을 떨쳤다. 그러던 그는 조국 수사를 계기로 갑자기 반문재인의 기수가 된 후 임기 내내 이념체제전쟁의 선봉에 섰으며, 12·3 내란을 일으켜 우파 독재의 영구화를 꾀하다 체포됐다.

12·3 내란 사태는 국민의 정당한 분노와 굳센 연대로 승리

해 물리쳤지만, 극우 보수세력들이 우리 사회 곳곳에서 자행하고 있는 역사 쿠데타는 현재진행형이다. 극우 역사관을 가진 자들이 대한민국 임시정부의 존재를 흔들며 나라를 팔아먹는 짓이 역사 쿠데타가 아니고 무어란 말인가.

이제 대한민국은 새로운 시대를 준비해야 한다. 권력의 폭주를 막고, 국민을 위한 진정한 민주주의를 구축할 수 있는 지도자가 필요하다.

2. 개소리 정치

2022년 9월 윤석열이 대통령 신분으로 미국을 순방했을
당시 '바이든—날리면' 발언 논란을 일으켜 시끄러운 적 있
었다. 이때의 대통령 발언을 '권력형 개소리'라 정의할 수
있을까?

상황은 이렇다. 윤석열 대통령이 조 바이든 미국 대통령과
약 48초 동안 짧은 환담을 나눈 뒤, 행사장을 나가면서 측근
들과 대화하는 장면이 언론 카메라와 마이크에 포착되었다.

MBC는 윤석열 대통령의 발언을 "국회에서 이 XX들이 승인
안 해주면 바이든은 쪽팔려서 어떡하나?"라고 보도하면서 논
란이 확산했다.

미국 순방 중에 벌어진 윤석열의 비속어 발언에 대해 대통

령실은 미 의회를 향한 게 아닌 우리 국회를 두고 한 말이었다고 해명했다. 발언 도중에 등장하는 '바이든'으로 해석되는 단어도, '날리면'이 맞다고 주장했다. 즉, "국회에서 이 새끼들이 (야당이 오늘 약속한 공여금을) 승인 안 해주고 (예산안을) 날리면 (내가) 쪽팔려서 어떡하나"라고 발언했다는 해명이다.

이에 대해 국민의힘은 "MBC가 가짜 뉴스로 외교 문제를 초래했다"고 비판한 반면, 더불어민주당은 "윤 대통령의 외교 실책이 오히려 문제"라고 주장하며 정치적 공방이 벌어졌다.

윤석열은 정작 '새끼들' 발언을 사과하지 않았다. '바이든'이라면 미국 의회가 '새끼들'이 되고 '날리면'이라면 한국 국회가 '새끼들'이 된다. 명예훼손 소송 재판부는 MBC에 정정 보도를 명령하면서도 "바이든과 날리면 가운데 어떤 발언을 한 것인지 밝혀지지 않았다"고 지적했다.

프린스턴대학교에서 철학과 교수를 지낸 해리 G. 프랭크퍼트Harry G. Frankfurt는 그의 저서 《개소리에 대하여On Bullshit》(2005)에서 '개소리(헛소리, Bullshit)'의 개념을 철학적으로 분석했다. 이 책은 이 시대에 만연한 언어의 타락 현상을 다룬다. 광고와 홍보의 영역은 물론 특히 정치 분야는 개소리의 사례들로 온통 가득 차 있다고 말한다.

프랭크퍼트에 따르면, "개소리쟁이는 진리의 권위에 조금
도 신경쓰지 않는다. 이 점 때문에, 개소리는 거짓말보다 훨
씬 더 큰 진리의 적이다."

그런데 흔히 사람들은 거짓말보다는 개소리에 대해 좀 더
관용적인 태도를 보인다. 거짓말은 종종 모욕감이나 분노를
일으킨다. 하지만 정치적 개소리를 개인 차원에서는 모욕으
로 받아들이지 않기 때문에 우리는 개소리라는 걸 알면서도
관대한 경향이 있다.

프랭크퍼트가 말한다. "거짓말쟁이는 불가피하게 진리값
에 관심을 가져야 한다. 거짓말이란 것을 지어내기 위해서 거
짓말쟁이는 무엇이 진실인지 자신이 알고 있다고 생각해야만
한다. 그리고 효과적인 거짓말을 지어내려면 거짓말쟁이는
자신의 허위를 그 진리의 위장 가면 아래에 설계해야 한다."

개소리쟁이의 특징은 상대를 기만하려는 숨어 있는 기획의
도가 있다. 기만 의도에 따라 자기 목적에 맞도록 말의 소재
들을 선택하거나 가공한다. 우리가 기만당할 때 개소리쟁이
의 기획의도는 성공한다. 개소리쟁이들의 또 하나의 특징은
전정성 없이 개소리를 해서 상황을 헤쳐나가려는 태도를 보
인다는 것이다.

윤석열에 의해 발화된 '바이든—날리면' 발언 논란의 시작

과 이후의 태도가 바로 그런 것이다.

《개소리에 대하여》를 한국어로 번역한 서울대 철학과 출신의 이윤은 〈옮긴이의 글〉에서 "윤석열의 비속어 발언 관련 해명은 권력형 개소리의 특징을 보여주는 전형적 사례"라고 분석한다. 또한 "윤석열의 '날리면' 발언은 (...) 진리에 대한 무관심의 수준을 넘어 진리에 대한 무시와 경멸을 보여주는 권력 행동이다. 자신이 진리 위에 있음을 만인에 선포하는 위력행사다"라고 밝혔다. 한마디로 '권력형 개소리'라고 볼 수 있다.

윤석열이 촉발한 '바이든-날리면' 발언 사태로 국민의힘은 MBC를 고발하고, 대통령실은 "(보도가) 국익에 반한다"면서 MBC 기자의 대통령 전용기 탑승을 배제했다.

12·3 내란을 전후하여 윤석열과 극우 유튜버들의 일치된 부정선거 음모론도 개소리 정치의 단면을 보여준다. 부정선거 사건은 이미 중앙선관위의 조사와 검찰 수사, 대법원의 판결로도 일단락된 것이다. MBC 보도를 인용하면, "지난 21대 총선이 부정선거라며 제기된 소송 126건은 모두 종결됐고, 22대 총선 34건, 윤석열 대통령이 당선된 대선을 두고도 11건의 소송이 제기됐지만, 부정선거가 인정된 건 단 한 건도 없다."

한국 정치가 '생존 게임'으로 치달을수록 자기 목숨을 걸고

상대를 제거하려 한다. 생존 게임 중에는 관용, 포용, 다양성
이라는 가치가 들어설 수 없다. 여당 야당을 막론하고 정치권
에서 '개소리'가 횡행하고 판을 치는 배경이다.

왜 권력형 개소리가 심각한 문제일까?

"권력형 개소리는 진리에 대한 무시와 타자에 대한 멸시라
는 이중적 악을 수반한다는 점에서 일반적 개소리보다 더 심
각한 사회적 해악"이기 때문이다.

프랭크퍼트는 개소리가 단순한 거짓말이나 실수와는 본질
적으로 다르며, 현대 사회에서 중요한 문제라고 주장한다. 그
는 개소리가 거짓말보다 위험하다고 주장한다. 개소리하는
사람은 진리에 대해 무관심하기 때문이다.

프랭크퍼트 교수는 '개소리' 개념을 어떻게 정의하고 있
나?

개소리는 거짓말과는 차이가 있다. 거짓말쟁이는 진실을

알면서도 의도적으로 거짓을 말한다. 그러나 개소리를 말하는 사람은 진실 여부에 관심이 없다. 오히려 중요한 것은 그들이 말하는 것이 청중에게 어떻게 받아들여지는지, 즉 자신의 목적을 달성하는 데 도움을 주느냐이다.

개소리는 진실에 무관심하다. 개소리는 단순한 무지가 아니라, 진실을 신경 쓰지 않는 태도에서 비롯된다. 이는 단순한 거짓보다도 더 해롭다고 볼 수 있다.

개소리를 말하는 사람은 종종 자신을 특정한 방식으로 보이게 하려는 의도로 정보를 조작한다. 정치인, 미디어, 광고 등에서 이러한 현상을 쉽게 찾아볼 수 있다.

3. 위험한 정치인들

명랑 사회를 바라는가? 그렇다면 개소리 정치인들을 퇴출해야 한다. 어떤 정치인이 위험한가?

　군중은 왜 개소리 발언을 신뢰하고 열광하는가?

　정치적 영향력이 큰 사람으로부터 상대 진영을 공격하는 메시지가 나올 때, 사실 검증보다는 '우리 편의 논리'를 지지하는 경향 때문이다. 상대편을 박멸하고 싶은 나의 심리는 군중과 함께 뒤섞여 있어 내 손에 피를 묻히지 않고도 상대를 쉽게 제거할 수 있다는 확증편향으로 안전하다. 공격 메시지의 사실 여부에는 다들 관심이 없다. 일반적으로 거짓말에는 사람들이 발끈하여 비난을 쏟아내지만, 개소리에는 관대한 만큼 스피커의 개소리가 힘셀수록 열광하는 팬을 끌어모을 수 있다.

한 개인의 의식이 무의식의 지배를 받아 어느 순간 사라지고 하나의 심리 방향으로 나아가려 할 때, 심리적 군중의 일원이 된다. 선동정치, 여론 조작, 편가르기 등은 군중심리를 이용한 고도화된 사회심리학적 장치다. SNS에서 특정 집단을 편드는 여론이 형성되면 가만히 있던 개인도 팬덤fandom에 합류해 열광하게 된다. 선거를 앞둔 정치는 이를 최대치로 이용하려 든다.

귀스타브 르 봉은 1895년에 《군중심리》를 썼다. '군중심리'란 많은 사람들이 같은 행동을 할 때 집단에서 고립되지 않거나 모욕당하지 않으려고 그 행동에 동조하려는 심리를 뜻한다.

과거의 군중은 광장에 운집된 형태였지만, 오늘날의 군중은 SNS를 비롯한 미디어 활동으로 움직인다는 것만 다를 뿐 귀스타브 르 봉이 말한 군중의 특성은 매우 부정적이라는 점에서 광장과 SNS 활동 간에 차이가 없다. 군중심리는 여전히 놀라운 현상이다.

위험한 정치인들 사례1 :

오세훈 : "이재명 대표가 집권할 경우 윤석열 대통령처럼 비상계엄을 선포할 수 있다."

오세훈 서울시장은 2025년 1월 26일 TV조선 '강적들'에 출연해 "이재명 대표가 집권할 경우 윤석열 대통령처럼 비상계엄을 선포할 수 있다", "이 대표는 충분히 계엄도 선포할 수 있는 퍼스낼리티"라고 말했다.

오세훈 서울시장의 발언이 거짓말인지 개소리인지 해리 G. 프랑크퍼트의 개소리Bullshit 개념으로 분석해보자.

첫째, 오 시장의 발언은 진실에 기반하는가?

어떤 발언이 개소리 개념에 속하느냐 아니냐는 발언자가 진실에 관심이 있는가, 없는가이다. 그의 발언은 이재명 대표가 대통령이 될 경우의 가정과 비상계엄을 선포할 가능성이 있다는 가정이다. 하지만 둘 다 근거가 부족한 추측성 발언이다. 만약 이에 대한 명확한 증거 없이 자기편에 특정한 인상을 주기 위해 말한 것이라면, 이는 개소리의 특성을 가진다.

"이 대표는 충분히 계엄도 선포할 수 있는 퍼스낼리티"라는 발언은 어떤가? 이재명 대표에 대한 오 시장의 근거 없는 성격 비하와 낙인찍기이다. 특정인의 성격을 잘 알지도 못하면서 사실적 근거도 없이 극단적 폭력성과 결부 짓고 계엄 선포 가능성과 연결한 발언은 인신공격을 넘어 유권자의 판단을 흐리게 하는 개소리의 전형이다. 유권자에게 공포, 불안, 증오를 조장하려는 숨은 의도가 있는 것이다.

거짓말은 사실이나 진실을 염두에 두고 꾸며낸 말이지만, 개소리는 진실이나 거짓에 아랑곳없이 꾸며낸 허구로서 거짓말보다 더 심각하고 교활한 사회악이다.

둘째, 거짓말과 개소리의 차이로 알아보자.

프랭크퍼트는 거짓말과 개소리를 구분했다. 거짓말은 진실을 알면서도 의도적으로 거짓을 말하는 행위다. 개소리는 진실 여부 자체에는 관심이 없고, 단지 청중이 특정한 인상을 받도록 만드는 발언이다.

오 시장의 발언을 보면, "이재명이 집권하면 비상계엄을 선포할 수 있다"라는 내용은 구체적 근거 없이 청중에게 특정한 인상을 심어주려는 목적이 있다. 이는 진실을 조작하는 거짓말이 아니라, 진실 자체에 무관심한 채 특정한 정치적 프레임을 만드는 개소리의 성격을 가질 수 있다.

셋째 정치적 담론에서의 개소리.

프랭크퍼트는 현대 정치에서 개소리가 특히 자주 사용된다
고 분석했다. 그에 따르면 정치인들은 자신의 발언이 논리적
으로 완벽하지 않더라도, 특정한 인상을 남기려는 목적으로
개소리하는 경우가 많다.

오 시장의 발언도 '이재명이 대통령이 되면 나라가 불안해
진다'는 인식을 심어주려는 정치적 수사rhetoric의 역할이 강하
다. 오 시장의 개소리에는 기획된 숨은 의도 있는 것이다.

그러므로 개소리는 거짓말보다 위험하다. 개소리 같은 발
언이 계속되면 사회적 담론에서 '진실'의 가치는 약화되고, 감
정적·선동적 언어가 정치의 중심이 되는 위험이 있다.

결론적으로 오 시장의 발언은 개소리인가? 그렇다. 그의 발
언은 개소리에 가깝다.

프랭크퍼트의 기준에 따르면, 오 시장의 발언이 진실 여부
에 대한 신중한 고려 없이 나온 것이기 때문이다. 특정한 정
치적 효과(이재명에 대한 부정적 인식)를 의도한 발언이기에, 개소
리의 성격이 강하다. 오 시장의 발언은 객관적 근거가 없이
단순히 청중을 선동하려는 발언이다. 개소리의 전형적인 예

시가 될 수 있다.

그렇다면 개소리 발언에 열광하거나 이를 신뢰하는 사람들은 어떤 특징을 가질까?

첫째, 특정 정치적 신념에 따라 영향을 받는 사람들이 개소리에 열광한다.

프랑크퍼트의 논의에 따르면, 개소리는 진실 여부가 중요하지 않고, 듣는 사람의 감정과 신념을 강화하는 역할을 한다.

따라서 이미 이재명에 대해 부정적인 인식을 가진 보수성향의 유권자들이 개소리 발언에 쉽게 동조할 가능성이 크다.

이는 확증편향confirmation bias과 관련이 있는데, 자신이 믿고 싶은 정보만 받아들이는 경향 때문이다.

즉, 이미 '이재명=위험한 인물'이라는 사고를 가진 사람들은 오 시장의 발언을 진실 여부와 관계없이 쉽게 받아들일 가능성이 있다.

둘째, 감성적 정치 담론에 익숙한 지지층이 개소리에 신뢰를 보낸다.

논리적 근거보다 감정적 호소(공포, 분노, 불안 등)를 중요하게 여기는 유권자들은 개소리 발언을 신뢰하기 쉽다.

특히, '비상계엄' 같은 강한 단어는 불안감을 조성하여 청중이 논리적 사고보다 감정적 반응을 하게 만든다.

정치적 뉴스나 정보 소비를 할 때, 팩트 체크보다 자극적이고 선동적인 메시지를 선호하는 성향의 사람들이 이에 쉽게 영향을 받을 수 있다.

셋째, 보수성향의 미디어 소비자들이 개소리에 열광한다.

오 시장이 출연한 TV조선은 보수성향의 매체로, 그 시청자층은 대체로 보수적인 정치적 성향의 중장년층이 많다.

이러한 미디어 환경에서 반복적으로 유사한 메시지를 접하는 사람들은 이를 사실처럼 받아들일 가능성이 높다.

미디어 연구에서 확인된 '에코 챔버 효과Echo Chamber Effect'는 사람들이 자신의 신념과 일치하는 특정한 정보만 반복적으로 접하면 (수용·소비함으로써), 그 정보의 사실 여부와 관계없이 기존의 신념을 더욱 강화하게 되는 현상이다. 이는 확증편향을 강화시킨다.

한국 사회는 정치적 양극화가 극심해 많은 유권자가 상대 진영에 대해 서로 강한 불신을 가지고 있다.

따라서 상대 진영을 공격하는 메시지가 나오면, 사실 검증보다는 '우리 편의 논리'를 지지하는 경향이 나타난다.

오 시장의 발언은 사실 여부보다 보수층에서 '이재명은 위험한 인물'이라는 기존의 인식을 강화하는 도구로 작용할 수 있다. 그래서 개소리가 거짓말보다 위험하다는 것이다.

위험한 정치인들 사례2 :

김문수 : "일제 강점기 조선인의 국적은 일본이었다."

2024년 8월 26일 김문수 고용노동부 장관 인사청문회에서 김문수의 역사 인식에 논란이 불거졌다.

문제의 당시 발언 내용을 살펴보자.

김문수 후보자의 일본 국적 발언은 기본적으로 일본의 한반도 및 한국인에 대한 식민지배가 합법적이라는 일본 극우의 주장과 일치한다.

더불어민주당 박홍배 의원 : …(김 후보자 과거 발언 읽으며) 1919년은 일제 식민지 시대인데 무슨 나라가 있느냐. 나라가 없으니까 독립운동을 했지.

김문수 후보자 : 그건 (여전히) 같은 생각입니다.

박홍배 의원 : 그러면 일제 강점기에 살았던 우리 선조들은 국적이 일본인입니까?

김문수 후보자 : 나라가 다 뺏겨서 일본으로 강제로 편입된 거죠.

박홍배 의원 : 저의 부모님, 후보자의 부모님 일제 치하에 국적이 일본입니까?

김문수 후보자 : 일본이지 그걸 모르십니까? 아니 일제 시대 때, 일본.

박홍배 의원 : 하…말이 되는 이야기입니까, 지금!

김문수 후보자 : 무슨 말씀하세요? 아니 일제 시대 때,…

박홍배 의원 : 우리 선조들이 모두 일본 국적이었다고요?

김문수 후보자 : 일제 시대 때 우리나라가 국적이 전부 한국입니까!!

박홍배 의원 : 그걸 인정하는 사람이 어떻게 국무위원이 된다는 거예요, 지금!!

김문수 후보자 : 인정은 무슨 인정이에요!! 상식적인 이야기를 해야지 말이 안 되는 이야기를 하시면 안 되지요. 아무리 인사청문회지만 일제 시대 때 한국이 국적이 있었습니까? 나라가 망하는데 무슨 국적이 있었어요!

<출처 : 세상을 바꾸는 시민언론 민들레>

2018년 대법원은 일본 법원이 피해자들을 합법적으로 동원된 일본인으로 보고 손해배상을 청구할 권리가 없다는 판단을 받아들일 수 없다고 했다. 또 "일제강점기 일본의 한반도 지배는 규범적인 관점에서 불법적인 강점(强占)에 지나지 않고, 일본의 불법적인 지배로 인한 법률관계"라고 봤다.

일제 강점기 우리 민족이 일본법의 적용을 받은 일본 국적자가 아니라는 점을 밝힌 것이다.

따라서 김문수 후보자의 일본 국적 주장은 일제의 한반도 식민지배를 불법으로 규정한 대한민국 대법원 판결과도 완전히 상반된 것이다.

김문수 고용노동부 장관의 "일제 강점기 조선인의 국적이 일본이었다"라는 발언을 역사적 사실과 프랭크퍼트의 '개소리' 개념을 적용해 분석해보자.

1. 역사적 사실 검토

한·일 강제병합 당시 일제가 대한제국을 '병탄(幷呑. 다른 나라의 영토를 한데 아울러 제 것으로 만드는 것)'하면서도 침략적인 의도를 은폐하려고 '병합(幷合)'이라는 용어를 의도적으로 만들어냈던 사실이 2010년 8월 17일 공개됐다. 이는 연합뉴스가 최서면 국제한국연구원장으로부터 입수한 구라치 테쓰기치(倉知鐵吉. 한일병합 당시 외무성 정무국장)의 회고록 《한국병합의 경위(韓國倂合 ノ經緯)》를 통해 통해 드러났다.

역사학자 전우용은 2024년 8월 〈동아데일리〉에서 이렇게 밝혔다. "일제 강점기 조선인의 국적은 일본 국적이 아니다."

"일제는 1931년 만주사변을 도발한 후 중일전쟁을 준비하면서 조선인들이 중국 편에 설까 우려해 '조선인의 일본인화'를 추진했지만, 그래도 끝내 조선인들에게 일본 국적을 주지는 않았다. 그들은 '조선인은 일본 헌법상 일본인이 아니지만, 국제법상으로는 일본인'이라고 주장했다. 이조차 외국 국적을 취득한 독립운동가들에게 일본의 경찰권과 사법권을 행사하려는 의도에 따른 것이다.

일제 강점기 조선인은 모두 일본 국적자라는 친일모리배들조차 하지 못했던 주장이 공공연히 떠돌고 있다. 이런 주장을 하는 사람들 역시 매국적 극우 보수세력들이다."

2024년 9월 역사학자 전우용은 자신의 페이스북에서 "요새 '일제 강점기 우리는 일본인이었다'는 발언으로 시끄럽다. "일본 군국주의는 조선과 '합방(合邦)'한 게 아니라 조선을 '병합(倂合)'한 것이라고 분명히 밝혔다. 국제법상으로 영토는 일

본 것이되 주민은 일본인이 아닌 '직할령'으로 삼은 것"이라
고 밝혔다.

1948년 대한민국 정부 수립 이후, 한국 정부는 조선인의 국
적이 일본이었다는 논리를 인정하지 않고 있다. 즉, 당시 일
본이 조선을 강제 병합하여 법적으로 '일본 신민'으로 취급했
지만, 이는 강압적 조치였고 국제적 정당성을 가진 '국적' 개
념과는 다르다.

역사적 관점에서 독립운동세력은 대한민국 임시정부를 수
립하고, 대한민국 국민으로 간주했고, 한국 정부도 이를 이어
받았다.

그러므로 김문수 장관의 "조선인의 국적은 일본이었다"라
는 발언은 적확하지도 않으며 그의 역사관이 편협돼 있고 친
일적이라는 의심을 받을 수밖에 없다.

2. 김문수 장관의 발언은 개소리인가?

김문수 장관은 극우 보수 정치인이며, 과거에도 친일 논란
이 있는 발언을 해왔다.

그는 "조선인이 일본 국적이었다"는 단정적인 표현을 사용
함으로써 일제 식민지배를 정당화하는 인상을 주었다. 발언

을 통해 '일제 강점기 조선인=일본 국민'이라는 정치적 프레임(친일 미화 논란)을 강화하려 했다면, 이는 개소리의 전형적인 특징에 해당한다. 진실 여부 자체에 무관심하고 특정 효과를 내기 위해 말하는 것이 개소리이다.

위험한 정치인들 사례3 :

홍준표 : "윤석열 대통령도 좌파들의 집단적 광기의 희생자라고 보지 않을까."

홍준표 대구시장이 2025년 1월 16일 "윤석열 대통령도 좌파들의 집단적 광기의 희생자라고 보지 않을까"라고 밝혔다. 홍 시장은 이날 페이스북에 "이명박·박근혜 전 대통령은 좌파들의 집단적 광기로 인한 피해자였기 때문에 억울한 감옥살이였다. 윤 대통령은 어떤 평가를 받을까"라며 이같이 말했다.

홍준표 대구시장의 발언을 프랭크퍼트의 개소리 개념에 적용하여 분석해보자.

홍 시장의 발언을 사실적 진술과 정치적 수사로 구분해 보면 다음과 같다.

사실적 요소 :

● 윤석열 대통령이 정치적으로 비판받고 있다는 점은 사실이고, 좌파 진영에서 윤 대통령을 강하게 비판해 온 것도 사실이다.

정치적 수사(개소리 가능성 높은 요소) :

● '좌파의 집단적 광기'라는 표현은 객관적 사실이 아니라 주관적 가치 판단이 개입된 수사적 표현이다. 이는 사실보다는 감정적 반응을 유도하려는 정치적 수사다.
● '희생자'라는 표현은 윤석열이 마치 불합리한 공격을 받고 있다는 인상을 주려는 정치적 프레임을 형성한다.
● 홍 시장 발언의 목표는 진실을 알리는 것이 아니라, 윤석열에 대한 동정심을 유발하고 좌파를 부정적으로 인식하게 할 가능성이 크다.

결론 :

홍 시장의 발언은 진실 여부보다 정치적 효과를 더 중시한
개소리에 가깝다.

홍 시장의 발언에 영향을 받을 가능성이 높은 그룹은 윤
석열 지지층(보수층), 좌파에 대한 부정적 인식을 가진 유권자
들, 정치적 논쟁에서 감정적 호소에 더 쉽게 반응하는 사람
들이다.

4. 이념형 보수

학자나 언론은 앞다퉈 우리 사회가 출산 소멸, 마을 소멸, 지방(인구) 소멸, 학교 소멸 등 '소멸' 위기에 처해 있다고 경고한다. 공동체의 소멸이다. 정치는 이런 문제를 방지하고 해결할 비전을 제시하라고 있는 것이다. 그럴 시간도 모자란 데 윤석열 정부는 임기 내내 대안 정치는 없고 이념 정치만 앞세웠다. 그러다 이도 저도 안 되니 비상계엄을 선포한 것이다. 이제 보수당은 심판받아야 마땅하다. 과연 극우 보수는 스스로 소멸할까?

1980년대 한국 정치사에서는 민주화운동 세력이 이념 투사였다. 그런데 우파 윤석열은 왜 벼락치기 과외 공부하듯 반공 이념 투사가 되었을까? 오늘날 야권 진영에서도 윤석열 방식의 이념전쟁을 좇는 사람은 없다.

윤석열 정부의 사상적 토대는 '한국자유회의'라는 극우 보수 단체이다. 이들의 정체를 알면 윤석열 정부 파탄의 원인도 보인다. 한국자유회의는 촛불집회를 북한 추종세력이 주도하는 대한민국 체제 전복 시도라고 주장한다. 윤석열 탄핵에 자발적으로 나선 수백만 시민의 함성을, 민주주의의 숭고한 의미를 그들은 정말 모르고 하는 말인가?

윤석열은 한국자유회의 창립이념을 그대로 받아들여 이념 우선 정치를 선언했고, 그런 자기 정치를 실현해줄 정부 기구의 요직에 극우 보수 단체 출신의 매국적 우파 지식인들로 전면 배치했다.

그들은 지금 이 순간에도 국민을 상대로 이념전쟁을 펼치고 있다. 12·3 내란은 그들이 연합하여 전개한 우파 쿠데타이자 역사 쿠데타이다.

시민의 힘으로 12·3 내란을 멈춰 세웠지만, 그들이 저지른 역사 쿠데타는 현재진행형이다. 그들은 일본 침략주의 파시즘과 그 부역 세력을 미화하고, 이승만, 박정희, 전두환 등 독재자를 우상화한다. 독립운동과 민주주의의 역사를 지우거나 부정한다.

극우 보수세력의 주력인 "뉴라이트의 목표는 분명하다. '독립' 역사 지우기이다. 일제 강점기를 근대화의 필수 과정으로 미화하고, 일제가 한국의 경제 발전에 기여했다고 주장한다. 나아가, 그 당시 조선인의 국적은 '일본' 국적이었다고 주장한다. 자신들의 선조가 저지른 친일 매국 행위를 정당화하려는 것이다." 조국 조국혁신당 전 대표의 말이다.

극우 보수언론인 조갑제(조갑제닷컴 대표)마저 '윤석열을 버려야 보수가 산다'고 말했다. 조갑제는 윤석열에 대해 "보수를 참칭한 사람이지 보수가 아니다"라며 의료 대란과 계엄으로 보수를 궤멸시킨 사람이라고 평가했다. 조갑제는 "한국 보수가 다시 살려면 윤석열과 헤어지면서 왜 헤어지는지를 설명해야 된다"고 제안했다. 그는 보수의 가치로 '사실', '사실에 기반한 법', '자유' 등 세 가지를 들었다.

윤석열과 그를 추종하는 극우 보수세력은 한마디로 '이념형 보수'이다. 이들은 토마스 홉스Thomas Hobbes가 주창한 '국가주의 국가론'을 신봉하는 자들이다. 홉스는 사회계약설을 통해 국민이 자신의 자유를 국가에 위임하여 국가가 질서를 유지해야 한다고 보았다.

국가주의 국가론은 이승만, 박정희, 전두환 대통령 시절과 잘 어울린다. 그 당시 북한 체제를 비판하거나 비난하지 않는 정치인은 사상을 의심받았다. 많은 이들이 고문을 당하거나 감옥에 갇히기도 했다.

그런데 21세기 윤석열 정부에서 국가주의 국가론을 신봉하는 이념형 보수세력이 다시 살아나 맹위를 떨치고 있다. 한반도의 분단체제가 계속되는 한, 국가주의 국가론을 따르는 자들의 가장 중요한 관심사는 사회 질서 유지와 국가 안전보장이다.

그래서 노동자들의 거리 시위는 강경 진압해야 국가다운 것이 된다. 이런 이유로 윤석열 정부는 민주노총을 비롯한 노조를 악마화하고 지난 2023년 5월 발생한 건설노조 총파업을 폭력배로 몰아 탄압했다.

이념형 보수 정권에게 사회적 약자 보호 및 복지 지출 등 우리 헌법이 명시하고 있는 '사회적 기본권'에는 관심이 없다.

이제 그런 이념형 보수는 멸종해야 마땅하다. 그래야 남아 있는 개혁 보수가 정책형 보수로 재건될 수 있다.

5. 극우 보수 카르텔

우리 사회에서 극우 보수세력이 믿는 이념과 성향을 정리
해 볼까?

한국 사회에서 극우 보수세력은 전통적 의미의 보수파와
달리 강경한 정치·사회적 입장을 견지하는 집단이다. 이들은
자유시장 경제, 국가 안보 중시 등 전통적인 보수주의 이념에
더해 민족주의, 반공주의, 권위주의, 반페미니즘, 반이민 정
서 및 외국인 혐오, 반좌파 성향 등을 강하게 드러내는 정치
적·사회적 집단이다.

극우 보수세력은 특히 반공 이념을 핵심 가치로 삼아, 북한
과의 대화나 협력보다는 강경 대응을 주장하며, 종종 진보·좌
파 세력을 '친북'이나 '종북(從北)'으로 낙인찍기도 한다. 이런

이유로 문재인 정부(2017~2022)와 같은 진보 정권을 '종북 세력'으로 간주한다.

극우 보수세력은 강한 국가주의·권위주의적 성향으로 인해 국가의 강한 통제와 질서를 중시하며, 박정희·전두환 정권 등 군사정권 시절을 그리워하거나 긍정적 평가를 한다. 민주화 운동을 폄훼하거나 5·18 광주민주화운동을 왜곡하는 주장도 극우 보수세력 내에서 나온다.

극우 보수세력은 민주당, 진보 시민단체, 노동조합 등을 좌파로 간주한다. 여성·소수자 인권 보호 정책을 과도한 진보 정책으로 인식하고, 반(反)페미니즘 및 성평등 반대를 주장하는 경우가 많다.

외교 분야에서 극우 보수세력은 친미·반중 성향이 강하고, 친일적 태도를 보인다. 경제 분야에서 신자유주의 노선을 옹호하고 일본과의 경제적 협력을 중시한다.

극우 보수세력의 대표적 인물과 집단은 누구인가?

국민의힘 당원인 윤석열을 비롯해 김문수 고용노동부 장관, 권성동, 윤상현, 김민전, 나경원, 김기현 등 국민의힘 내

강경 보수성향의 정치인을 포함해 12·3 내란 수괴인 윤석열 체포영장 저지에 나섰던 친윤계 의원 40여 명, 태극기 부대 지지층을 기반으로 한 인물들이다. 과거 친박(박근혜 지지층) 및 뉴라이트 세력도 포함한다.

극우 보수성향 유튜브에는 어떤 채널들이 있는가?

〈진성호방송(구독자 : 약 182만 명)〉, 〈신의한수(구독자 : 약 150만 명)〉, 〈배승희 변호사(구독자 : 약 128만 명)〉, 〈신인균의 국방TV(구독자 : 약 122만 명)〉, 〈고성국TV(구독자 : 약 104만 명)〉, 〈성제준(구독자 : 약 93만 명)〉, 〈이봉규TV(구독자 : 약 89만 명)〉, 〈전옥현 안보정론TV(구독자 : 약 88.5만 명)〉, 〈성창경TV(구독자 : 약 86만 명)〉, 〈가로세로연구소(구독자 : 약 83만 명)〉 등이며 2025년 1월 18일 기준이다.

극우 성향 온라인 커뮤니티로는 〈일간베스트〉, 〈디시인사이드 국민의힘 마이너 갤러리〉 등을 들 수 있다.

극우 유튜버들은 12·3 계엄령을 '계몽령'이 부른다. 그들은 12·3 내란 수괴인 윤석열에게 체포영장이 발부되자 판사를 협박하고 윤석열 석방을 외쳤다.

2025년 1월 18일 윤석열이 대통령 신분으로 구속되자 바로 이날 밤부터 19일 새벽 동안, 윤석열 대통령 구속에 반대하는 극렬 지지자들이 서울서부지방법원에 난입해 폭력 및 폭동 사태를 일으켰다. 일부 극우 유튜버들은 현장을 생중계하며 폭동을 부추겼다. 경찰에게서 빼앗은 장비와 현장에 있던 철제 집기 및 소화기 등으로 법원 유리창과 외벽을 부수고 법원 청사로 뛰어들었다. 폭력 시위대를 저지하는 과정에서 경찰 42명이 부상을 입고 공수처 수사관들도 구타를 당했다. 이들은 취재진을 향해서도 폭력을 휘둘렀다. 경찰이 시위대를 진압할 때까지 3시간 동안 서부지법은 무법지대였다.

경찰은 1박 2일간의 시위에서 불법 행위와 관련해 86명을 현행범으로 체포했다. 모두 극우 보수세력이 저지른 일이다.

현직 대통령 구속에 대한 외신 평가

CNN은 2025년 1월 18일 보도에서 "윤 대통령은 내란 혐의로 체포된 최초의 현직 한국 대통령"이라며 "윤 대통령은 규정에 따라 신체검사를 받고, 머그샷을 찍고, 죄수복을 입어야 한다"고 했다. CNN은 "현재 한국은 수십 년 만에 최악의 정치적 위기에 직면해 있으며, 이는 윤 대통령이 지난달 3일 계엄령을 선포했기 때문"이라고 밝혔다.

〈뉴욕타임스〉는 1월 18일 '한국 대통령 감옥에서의 삶'이란 보도를 통해 "윤 대통령의 새로운 상황은 화려한 국가 원수에서 탄핵 된 대통령으로, 그리고 한국 형법상 최악의 범죄를 저지른 혐의로 기소된 수감자로, 극적으로 몰락하는 과정을 상징적으로 보여 준다"고 평가했다. 이어 "이제 윤 대통령은 보좌관과 요리사가 제공하는 음식이 아닌 만둣국, 빵, 시리얼로 구성된 구치소 아침 식사에 눈을 뜰 것"이라며 "구치소 평균 식사 비용은 1.20달러(약 1750원)"라고 부연했다.

국민의힘 다수 의원과 극우팔이 소셜 미디어, 태극기 부대 등 극우 보수 카르텔 세력이 사회에 미치는 영향은 무엇인가?

극우 보수 카르텔은 정치적 상대를 악마화하는 데 주력한다. 우리 사회에 정치적 양극화, 이념 갈등을 더욱 심화시킨다. 진보-보수 간 대립이 '정책 토론'보다는 '이념 논쟁'으로 변질되는 원인이다.

그들은 가짜 뉴스와 음모론을 확산하는 데에 주력한다. 그들이 생산하는 가짜 뉴스와 왜곡된 정보가 온라인과 유튜브를 통해 빠르게 확산할 때 사회적 혼란이 가중됐다. 예를 들어 '부정선거 음모론', '5.18 북한군 개입설' 등이 그것이다.

극우 보수 카르텔의 영향력이 커지면서 청년층 극우화 현상도 두드러졌다.

2025년 1월 25일 한국갤럽의 여론조사를 분석한 결과, 계엄-탄핵 정국에도 여당인 국민의힘 지지율이 오르고, '정권 재창출'이 '정권 교체'와 박빙 양상으로 흐르는 배경엔 20·30 남성들의 결집이 자리하고 있다는 분석이 나왔다.

특히 18~29세 남성 중 40%가 '보수'라고 밝혔고, '진보'라고 응답한 비율은 19%에 불과했다. 둘의 차이는 21%포인트에 달한다. 30대 남성 역시 '보수'는 40%, '진보'는 21%에 불과해 둘의 격차는 19%포인트였다.

20·30 남성들의 보수화 경향은 여론조사를 넘어 실제 행동으로 표출되었다. 2025년 1월 18~19일 서울서부지법 난동 사태에서도 체포된 90명 중 절반이 넘는 46명(51%)이 20~30대인 것으로 나타났다.

보수 정당인 국민의힘은 민주·평화·복지 어젠다에서 이미 멀어졌고, 박근혜 탄핵을 거치며 상대에 대한 적대감을 생존의 근거로 삼아 극우 정당으로 진화해왔다. 대한민국을 망치는 '극우 카르텔'은 어떻게 작동하고 있는가?

히틀러의 선동가였던 요제프 괴벨스가 이런 말을 했다. "선전은 적개심을 불러일으키는 특별한 대상을 공격 매개물로 삼아야 한다." "거짓말을 충분히 큰 목소리로 반복해 말하면 사람들은 결국 믿게 된다." 윤석열과 극우 카르텔이 세력 확장을 꾀하는 수법도 이와 같다.

한국 보수 정치에서 극우가 보수의 주류를 꿰차는 것 아니냐는 우려와 함께 극우 카르텔 세력의 확장에 대해 이철희(전 청와대 정무수석)는 당파주의partisanism에서 원인을 찾는다. "상대를 악마라고 보고 상대를 으깰 수 있다면 뭘 해도 괜찮다는 태도를 보인다"는 분석이다.

국민의힘, 윤석열 정부, 그리고 태극기 부대로 대표되는 극우 정치세력 간의 동맹은 특정 프레임으로 작동하고 있다. 오죽하면 계엄을 했겠냐는 프레임, 통치행위라는 프레임, 두 시간짜리 내란이 어디 있냐는 프레임, 거대 야당의 폭주 프레임, 탄핵 반대 여론 늘었다는 프레임, (부정적 인식 확장을 전제로)

이재명이 대통령 된다 프레임, 대통령을 수갑 채워야겠냐 프레임 등 극우 보수세력 결집을 위한 프레임이다.

태극기 부대와 국민의힘 내 강경 보수세력은 반공주의와 반(反)문재인·반(反)민주당 정서를 공유한다.

윤석열도 대통령 후보 시절부터 '반국가세력'이라는 표현을 사용하며 강경한 보수 정체성을 강조해왔다.

그런 이유로 그들은 문재인 정부의 북한 유화 정책, 친중· 친러 외교 정책 등을 강하게 비판하며, 반공주의와 한미동맹 강화 노선을 유지하고 있다.

6. 엘리트 카르텔과 12·3 내란

'엘리트 카르텔'과 12·3 내란 주동 세력은 어떤 관계인가?

'엘리트 카르텔Elite Cartel'은 정치, 경제, 군사, 학계, 언론 등 사회 주요 권력 기관의 엘리트들이 자신들의 기득권을 유지하고 강화하기 위해 결탁하는 구조를 의미한다. 이는 국가 권력과 사회적 자원의 배분을 특정 소수에게 집중시키며, 일반 대중의 참여를 제한하는 방식으로 작동한다.

12·3 내란의 핵심기구 뒤에는 '육사 카르텔'이 있다. 노상원 전 정보사령관이 주도해 만든 계엄사령부 비공식 조직 '정보사령부 수사2단'은 육군사관학교 출신 전현직 영관급(대·중·소령) 이상 장교들이 군의 공식 지휘체계를 무시하고 조직한 12·3 내란의 핵심기구였던 것으로 확인됐다. 내란 조직에는

충암고등학교 출신의 '충암파'도 있었다.

엘리트 카르텔의 위험성은 반드시 '엘리트 카르텔형 부패'로 나타난다.

미국의 정치학자 마이클 존스턴Michael Johnston은 자신의 대표적인 저서 《부패의 증후군Syndroms of Corruption》에서 각 나라의 부패유형을 4가지로 분류했다.

'독재형 부패'(아무런 제재를 받지 않고 부와 권력을 착취하는 관료들에 의해 이루어짐). '족벌 부패'(러시아, 필리핀과 같은 사회에서 과두제 특권층에 의해 이루어짐). '엘리트 카르텔형 부패'(권력을 견제할 민주 제도가 미숙한 나라에서 일어남). '시장 로비형 부패'(민주 제도가 발전한 선진국에서 영향력을 행사할 기회를 둘러싸고 발생함).

마이클 존스턴은 "한국에서는 관료들, 정치인들, 청와대, 군, 같은 지역 출신, 같은 학교 출신 등의 엘리트들이 모여서 부패 카르텔을 형성한다"고 지적한 바 있다.

'엘리트 카르텔형 부패'는 주로 정치인과 고위 관료, 대기업가 같은 엘리트층이 인맥과 연줄을 통해 부당이익을 얻는 부패유형이다. 정관계 인사가 산하기관에 낙하산 인사로 취직하는 '관피아'도 '엘리트 카르텔형 부패'에 속한다.

엘리트 카르텔의 특징을 정리하면.

① 권력의 독점

소수의 엘리트 그룹이 정치, 경제, 사법, 언론 등 사회 핵심 분야에서 권력을 독점하고, 이를 유지하기 위해 상호 협력한다.

예) 정경유착(政經癒着) - 기업과 정부 간의 밀접한 관계를 통해 경제적 이익을 공유.

② 내부 상호 보호 체계

엘리트들은 서로를 보호하는 시스템을 갖추며, 부패나 권력 남용이 발생해도 이를 감싸거나 축소하려 한다.

예) 법조계, 정치권, 재계 인사들이 '전관예우' 시스템을 통해 서로를 보호.

③ 외부 세력 차단

권력을 유지하기 위해 일반 대중의 정치적·경제적 참여를 제한하고, 기존 권력 질서를 위협하는 개혁 세력을 배제한다.

예) 선거제도를 조작하거나, 언론을 통제하여 비판 세력을 억압한다.

④ 네트워크 기반의 인맥 정치

정치권, 재벌, 고위 관료, 언론인, 학자들이 출신 학교, 군대, 정당, 직업 등을 기반으로 강한 네트워크를 형성하고, 이를 통해 권력을 지속적으로 재생산한다.

예) '서울대 법대-검찰-정치권'의 엘리트 네트워크.

엘리트 카르텔 유형에는 어떤 것이 있나?

정경유착 카르텔(사례: 박근혜-최순실 게이트, 삼성·현대 등 재벌과 정부의 관계), 사법·법조 카르텔(사례: 조국 전 법무부 장관 수사 당시 검찰 조직의 내부 결속), 언론·미디어 카르텔(사례: 보수언론-국민의힘 연대, KBS·MBC 사장 교체 논란), 군산복합체Military-Industrial Complex 카르텔(사례: 미국의 로비스트들이 군비 증강을 위해 전쟁을 조장하는 사례) 등으로 카르텔 유형을 분류할 수 있다.

윤석열 정부에서 엘리트 카르텔이 작동한 사례가 있나?

첫째, 윤석열 정부와 검찰 간의 카르텔이다. 윤석열 정부

출범 후 검찰 중심의 권력 구조가 강화되면서, '검찰공화국'이
라는 비판이 제기되었다.

예를 들어 한동훈 법무부 장관이 주요 검찰 출신 인사들을
요직에 배치했고, 문재인 정부 인사들에 대해 검찰 수사가 집
중적으로 이루어졌다.

둘째, 정치권과 재벌 간의 카르텔이다. 이는 대기업들이 정
치권과 결탁하여 공정 경쟁을 어렵게 만든다.

예를 들어 경제 활성화 명분으로 이재용 삼성전자 회장을
사면했으며, 친대기업 중심의 노동 정책을 추진해왔다.

셋째, 언론-검찰-정치 카르텔이다. 검찰발 뉴스가 언론을 통
해 보도되면서, 정치적으로 활용되는 구조가 지속되고 있다.

예를 들어 조국 사태 당시 언론이 검찰 수사를 일방적으로
보도해왔고, 윤석열 정부는 비판 언론에 대한 압박을 강화했
다.

엘리트 카르텔은 한국 사회뿐만 아니라 전 세계적으로 존
재하는 구조적 문제이다. 한국에서는 검찰, 정치, 언론, 재벌
이 결탁한 형태로 나타나며, 이는 민주주의 발전과 사회적 공

정성을 저해하는 요소로 작용하고 있다. 이를 해체하기 위해서는 권력의 분산, 투명한 감시 시스템, 시민사회의 적극적인 견제가 필수적이다.

7. 위조 민주주의

'명태균 게이트'가 여론조사를 조작(위조)해 윤석열을 대통령까지 오르게 한 사건이라면, 윤석열은 취임하면서부터 '위조된 민주주의'를 행사한 것 아닌가?

'위조 민주주의Counterfeit Democracy'는 말 그대로 '가짜 민주주의'를 뜻한다. 겉으로는 민주주의 형식을 갖추고 있지만, 실제로는 독재적이거나 비민주적인 요소를 내포한 정치 체제를 비판할 때 사용되는 개념이다. 영국 〈이코노미스트〉지가 '2024년 세계대전망'에서 소개하고 예견한 말이다.

　명태균의 여론 조작이 검찰 수사로 드러났다. 〈뉴스타파〉보도에 따르면, 국민의힘 대선 경선을 앞둔 "2021년 10월 5일, 김 여사는 홍준표 후보가 윤석열 후보를 앞서는 기사가 나오자, "큰일이네요. 이러다 홍(홍준표 후보)한테 뺏기는 거 아닐까요?"라며 걱정하기 시작했다. 김 여사가 "홍이 1등은 안 되나요?"라고 재차 걱정하자 명 씨는 "네, 어렵습니다. 내일 자체 조사를 해보겠습니다"라고 답했다. 그러자 김 여사는 명 씨에게 "(윤석열 후보가) 야당 1후보는 반드시 되어야 한다"라고 말했고 명 씨가 "네 그렇게 만들겠습니다"라고 답하자, 김 여사는 "네, 제발요ㅠ"라고 읍소했다."

윤석열은 위조된 민주주의로 집권하고 헌법을 무시하며 선택적 정의로 '가짜 민주주의'를 행사해온 것이나 다름없다. 그는 공수처에 체포되면서 12·3 비상계엄 선포 이유로 부정선거(선거 조작)를 주장했는데, 이는 그가 스스로 위조 민주주의에 개입했다는 것을 밝힌 셈이다.

'위조 민주주의' 용어는 다음과 같은 정치적 상황에서 자주 등장한다.

- 민주주의라는 명목 아래 실질적으로 권위주의적 통치를 유지하는 체제.
- 선거가 존재하지만 불공정하거나 조작된 시스템.
- 언론과 시민사회가 억압되는 상황.

- 법과 제도를 통해 권력층이 민주적 경쟁을 차단하는 경우.

'위조 민주주의' 개념이 등장한 배경은?

이 개념은 주로 20세기 후반과 21세기 초반에 걸쳐, 민주주의의 외형을 갖춘 비민주적 국가들을 비판하는 맥락에서 등장했다.

'위조 민주주의'는 어느 나라에 어떤 식으로 나타났나?

냉전 종식 이후, 군사 독재나 공산주의 정권의 몰락과 함께 세계적으로 민주주의가 확산되는 것처럼 보였다. 하지만 일부 국가들은 형식적으로만 민주주의 제도를 도입했을 뿐, 실질적으로는 권위주의적 통치를 유지했다.

예를 들어 러시아에서 푸틴 정권은 선거를 유지하지만, 실질적으로 정치적 경쟁이 제한되고, 야권 인사들이 탄압받고 있다. 베네수엘라는 차베스 이후 마두로 정부는 선거를 유지하면서도 선거 조작 및 사법부 장악을 통해 권력을 유지하고 있다.

중국식 민주주의 모델도 '위조 민주주의'라고 볼 수 있는가?

중국은 '사회주의 민주주의'를 표방하지만, 중국 공산당(중국식 민주주의)에 의한 일당 독재 시스템을 유지하며 실질적인 정치적 경쟁을 차단하고 있다. 경제 개방과 현대화에도 불구하고, 시민의 자유와 정치적 다양성을 억압하는 체제가 유지되고 있다.

윤석열 정부와 '위조 민주주의' 개념 간에 연관성이 있는가?

윤석열 정부는 공식적으로 민주주의 시스템을 유지하고 있다. 그러나 언론 압박, 검찰 권력 남용, 여론 조작 등의 요소가 나타났으므로, '위조 민주주의' 성격을 일부 가졌다고 볼 수 있다.

8. 친미 내셔널리즘

뉴라이트는 "대한민국은 미국이 만들어 준 국가다, UN이 만들어 준 국가다"라고 주장한다. 이런 시각이 '친미 내셔널리즘'인가?

우리 헌법에는 상해 임시정부의 법통이 있는데 뉴라이트를 비롯한 극우 보수세력은 그런 헌법 정신도 부정한다. 독립운동은 대한민국 건국에 기여한 것이 없고 우리나라의 해방, 건국은 미국이 해줬다는 주장이다. 한국이 미국의 은혜를 입었기 때문에 미국과 같이 가야 한다는 논리이고, 한국의 경제성장은 일본의 식민지 근대화 덕분이라는 것이다. 매국 논리가 아닐 수 없다.

윤석열 정부의 외교 기조는 '한미일 3자 협력'과 공조이다.

한미일 3국 공조는 윤석열 정부가 최대 외교 성과로 내세우는 사안이다. 한미 정상회담으로 도출한 '워싱턴 선언'과 핵협의그룹NCG 신설이 대표적이다.

2023년 4월 윤석열 대통령과 조 바이든 미국 대통령은 워싱턴 한·미 정상회담에서 북한의 핵, 미사일 위협에 맞서 핵우산을 논의하는 핵협의그룹NCG 창설 등 한국에 대한 미국의 확장억제를 강화하기 위한 '워싱턴 선언'을 했다. '친미 내셔널리즘'의 결과이다.

하지만 트럼프 대통령 취임으로 윤석열 정부가 외교 성과로 내세우는 '워싱턴 선언'이 약화할 수 있다는 분석이 외교가에서 나온다. 트럼프 대통령이 블라디미르 푸틴 러시아 대통령이나 김정은 위원장과 1대1 협상에 나서는 경우 한·미는 물론 국제 공조가 깨질 수 있다는 전망도 있다.

윤석열 정부가 내세운 '친미 내셔널리즘'은 과연 우리에게 효용과 실리를 가져다줄 외교 전략일까?

윤석열 정부의 외교·안보 정책은 문재인 정부와 차별화되는 강한 친미 노선을 중심으로 전개돼왔다. 이를 '친미 내셔널리즘'이라고 볼 수 있다. 이는 단순한 한미동맹 강화 차원을 넘어, 미국 중심의 국제 질서에 적극적으로 동조하면서 국내 정치적으로도 이를 활용하는 경향을 의미한다.

그런데 국내에선 12·3 내란이 일어났고, 미국에선 '미국 우선주의America First'를 내건 트럼프가 2025년 1월 20일 대통령에 취임했다.

트럼프가 내세우는 미국 우선주의의 간단한 두 가지 원칙은 '미국 물건을 사고 미국인을 고용하는 것Buy American and hire American'이다.

미국 우선주의는 미국의 민족주의, 일방주의, 보호주의를 강조하는 미국의 대외정책을 말한다.

앞으로 미국의 이익을 앞세운 보호무역주의가 강화되고 군사, 외교에서 드러날 미국 우선주의 색채가 국제 질서에 큰 변화를 예고하고 있다.

트럼프의 귀환이 한반도에 미칠 정세. 국내 보수우파가 신봉하는 '자유민주주의 미국'은 끝났는가?

"윤석열이 신봉하는 '자유민주주의 미국'은 끝났다." 이 타이틀은 2025년 1월 25일 〈민들레뉴스〉가 내보낸 기사 타이틀이다. 〈민들레뉴스〉 김진호 에디터가 이혜정 중앙대 교수와 나눈 인터뷰에서 미국과 한반도의 질서 변화를 예측해 볼 수 있다.

김진호 에디터가 묻는다. "우파가 점령한 미국과 대한민국 사이에서 어떤 공존이 가능하다고 보시는가?"

이혜정 중앙대 교수의 답변이다. "질서는 관계의 패턴이다. 정치질서의 핵심은 좋은 삶에 대한, 무엇이 좋은 삶인가에 대한 비전이다. 이제 한국이 기대왔던 발전의 조건, 경제의 조건, 이념의 조건이 다 무너졌다. 남북관계도 무너졌다. 서구 중심주의도, 인간중심주의도 무너졌다. 총체적, 근본적 성찰을 통해 우리에게 가능한 삶은 무엇인지를 살펴봐야 한다. (한미) 동맹에서 시작하면 답이 안 나온다. 거꾸로 접근해야 한다. 한반도 정치질서는 우리의 관심이지 미국의 관심이 아니다. 우리에게 가능한 삶을 먼저 찾고, 그걸 실행하기 위한 대외정책 전반에서 미국의 위치를 설정한 뒤 그 미국과 살기 위해 미국 민중과 통화를 할지, 트럼프와 통화를 할지, 협박할지, 타협할지 생각해야 한다."

친미 내셔널리즘이란?

'친미 내셔널리즘'은 국가 정체성과 주권을 강조하면서도,

미국과의 협력을 절대적으로 우선시하는 국가주의적 태도를 의미한다. 전통적인 내셔널리즘(민족주의)이 자주적이고 독립적인 노선을 강조하는 데 반해, 친미 내셔널리즘은 강한 미국 의존성을 바탕으로 국가 이익을 도모하는 특징을 갖는다.

국내 보수 정부가 추구하는 친미 내셔널리즘의 방향

첫째, 한미동맹의 재강화이다. 윤석열 정부는 한미동맹을 '글로벌 포괄적 전략 동맹'으로 규정하고, 외교·안보 정책에서 미국과의 협력을 최우선으로 두고 있다.

한미 정상회담에서 '핵협의그룹(NCG)' 출범 등 미국의 확장 억제를 공식화하며 대북 강경책을 강화하는 내용이다.

또한, 한국의 NATO(북대서양조약기구) 협력 확대 및 인도·태평양 전략에서 미국과 보조를 맞추는 행보이다.

둘째, 반중·반러 성향 강화이다. 중국과 러시아에 대한 외교적 거리 두기, 특히 대만 해협 문제 등에서 미국의 입장을 지지하는 행보이다. G7 정상회의 및 다자외교 무대에서 '규범 기반 질서'를 강조하며 미국의 대중국 견제 전략에 동참하는 것이다. 러시아의 우크라이나 침공을 강하게 비판하고 군사적 지원 가능성을 시사하기도 했다.

셋째, 경제·기술 안보에서 미국 중심의 정책에 따라가는 것이다. 반도체, 배터리, 첨단 기술 협력을 강화하며 미국의 '탈중국' 공급망 재편 전략에 협조하고 있다. 인플레이션 감축법, 반도체법 등에서 미국의 정책에 따라가는 모습을 보였다. 중국 시장 의존도를 줄이고 미국과의 기술 협력을 심화하는 계기로 작용했다.

넷째, 보수 내셔널리즘과 결합된 대북 강경책이다. 윤석열 정부는 북한에 대한 '담대한 구상'을 내세웠지만 사실상 대북 압박을 강화하는 기조이다. 한미일 삼각 공조 강화를 통해 대북 대응 역량을 강화하는 것이다. 이런 목적을 달성하려고 윤석열 정부는 임기 내내 보수층 결집을 위한 안보 이슈를 적극 활용했다.

보수 정부의 '친미 내셔널리즘'은 어떤 비판과 한계에 봉착해 있나?

외교적 유연성 부족을 들 수 있다. 지나친 친미 성향으로 인해 중국 및 러시아와의 관계를 악화시켰다. 미국과의 협력에 대한 반대급부로 미국산 무기 구매, 한국 기업에 불리한 조건이 발생할 가능성이 있다. 한국 배터리 업계와 한국산 전기차의 미국 판매에 경고등이 켜졌다.

친미 내셔널리즘으로 인해 한국의 경제적 실익 문제가 부상했다. 미국 중심의 공급망 정책이 한국 기업에 불리한 조건을 초래할 위험이 커졌고, 중국과의 경제 의존도가 높은 한국경제에서 지나친 반중 정책이 경제적 부담으로 작용할 수 있다.

보수 정권은 국민 여론과의 괴리도 고려해야 할 것이다. 한미동맹 강화에 대한 국민적 지지는 있지만, 지나친 미국 의존 정책에 대한 우려도 존재하기 때문이다. 대북 강경책으로 인해 남북 관계는 사실상 단절되어 있다.

결론적으로 말해 보수 정부의 친미 내셔널리즘은 단순한 외교 정책이 아니라, 국내의 극우 보수 정치세력과 연결된 전략적 방향성을 포함하고 있다. 한미동맹을 강화하며 안보를 공고히 한다는 점에서는 긍정적 평가를 받을 수도 있겠지만, 지나친 미국 의존과 반중·반러 기조는 한국의 외교적 자율성을 약화할 가능성도 있다.

결국, 보수 정권이 미국 우선주의를 내건 트럼프 정부와의 외교 전략을 얼마나 효용 있게 조정하여 우리 국민에게 실익을 가져다주느냐가 핵심 과제가 될 것이다.

9. 자유 브랜드의 상품화

"저는 철들고 난 이후로 지금까지 특히 공직 생활을 하면서 자유민주주의라는 신념 하나를 확고히 가지고 살아온 사람입니다." 윤석열의 자유민주주의 타령, 어떻게 볼 것인가?

내란의 수괴 윤석열이 2025년 1월 21일 헌법재판소 탄핵 심판정에 처음 출석했다. 헌재 변론에서 윤석열은 '자유민주주의라는 신념 하나를 확고히 가지고 살아온 사람'이라고 말했다. 12·3 비상계엄의 정당성을 주장하려는 논지의 발언이다.

대한민국 헌법은 '자유민주주의'라는 표현을 명시적으로 쓰고 있지 않다. '자유민주적 기본질서'라는 말은 있다.

"대한민국은 통일을 지향하며, 자유민주적 기본질서에 입각한 평화적 통일정책을 수립하고 이를 추진한다." 이것이 헌법 4조의 내용이다.

그럼 '자유민주주의'라는 말을 쓰는 사람들은 어떤 사람들일까? 우리나라 민주주의 발전에 항상 반대편에 있었던 사람들이다.

윤석열은 민주주의라는 말 대신 왜 '자유민주주의'라는 말을 유독 좋아할까? 윤석열은 자유민주주의를 자신의 정치철학과 국정운영의 핵심 가치로 강조해왔다.

하지만 윤석열 정부가 내세우는 자유민주주의 개념은 실질적으로 반공주의를 지향하는 것이다. 반공주의의 상징은 이승만 대통령이다. 윤석열 정부와 국민의힘이 뉴라이트 세력의 통치 이념을 받아들여 반공주의의 상징인 이승만 전 대통령을 띄우기 위해 이승만 기념관 건립 예산으로 460억 원을 책정하고, 광복절 대신 건국절을 만들자고 한 주장이 이를 입증한다.

윤석열은 입만 열면 '자유'를 말해왔다. 하지만 그가 선포한 비상계엄은 정치 활동의 '자유'를 억압하려 한 것이다. 지금까지 우리 정치사에서 독재자와 극우 정치세력들은 한결같이 '반공주의' 이념을 '자유민주주의'라는 큰 틀의 말로 포장해왔다. 그들에게 자유민주주의 이념은 정적을 제거하고 싶을 때 합법적 명분을 제공해 준다. 그때의 '자유민주주의'는 북한으로부터 우리나라를 지키기 위해 민주주의를 유보하고, 대통령의 권한은 최대치로 강화하여, 국민의 인권을 박탈하는 형태로 진행돼왔다.

3·15 부정선거를 일삼은 이승만 자유당 정권은 '자유민주주의' 수호를 명분 삼아 반대파를 척결하고 때로는 국민을 억압했다. 이때 이승만 독재자의 입에서 '자유민주주의'라는 말이 등장했다.

윤석열은 자유도 민주주의도 배척하면서 자유민주주의를 말한다. 우리나라는 자유민주주의 국가가 아니라 민주주의 국가이다. 자유주의 시장경제 체제이다.

윤석열이 '자유민주주의'를 내세우는 또 하나의 배경에는 자기 정치를 반대하는 세력에 대한 응징을 포함하고 있지 않나?

그렇다. 온 국민이 기억하는 문제의 2024년 12월 3일. 윤석열은 TV 화면에 나와 "지금 우리 국회는 범죄자 집단의 소굴이 되었고, 입법 독재를 통해 국가의 사법·행정 시스템을 마비시키고, 자유민주주의 체제의 전복을 기도하고 있다"며 "파렴치한 종북 반국가세력들을 일거에 척결하고 자유헌정질서를 지키기 위해 비상계엄을 선포한다"고 말했다. 윤석열이 지칭한 국회는 사실상 야권(더불어민주당)을 겨냥한 것이다. 그는 야권을 '범죄자'라 했고, '종북 반국가세력'이라고 지칭하며 '반드시 척결하겠다'는 말까지 남겼다. 윤석열에겐 '야권을 포함한 반대세력=반국가세력'이란 등식만 있다. 이것이 윤석열이 그토록 지키고자 하는 '자유민주주의' 이념의 실체이다.

윤석열이 정치 분야에서 말하는 '자유'는 경제학자 밀턴 프리드먼이 경제 분야에서 말하는 '자유'와 무슨 연관이 있는가?

윤석열의 가치관에 가장 큰 영향을 미친 책은 밀턴 프리드먼Milton Friedman이 쓴 《선택할 자유Free to Choose》이다. 1980년에 출간돼 신자유주의의 교과서로 꼽히는 책이다. 프리드먼은 신자유주의를 대표한 미국의 경제학자이다.

프리드먼이 말하는 '자유'는 경제활동의 자유이고 그가 바

랐던 정책은 '자유시장, 작은 정부'로 요약할 수 있다.

윤석열은 부친이 권해준 《선택할 자유》에서 깊은 감명을 받았다고 언론에 밝혔다. 《선택할 자유》는 자유시장과 사기업이 어떻게 개인의 자유를 증진시키고 사회의 번영을 가져오는지를 설명하는 책이다. "자유는 선택의 자유이다." 프리드먼은 개인의 자유를 경제적 선택에 대한 자유로 정의했다.

프리드먼은 정부의 간섭을 배제한 자유시장이 모든 사회문제를 해결한다는 신자유주의 신봉자였다. 그는 평등과 자유가 맞설 때는 자유를 우선시해야 한다고 주장했고, 최저임금법을 반대했다. 복지국가와 사회복지 제도는 없애야 할 악이라며 복지 정책은 결코 가난을 없애지 않는다고 말했다. 교육도 빈곤 퇴치도 자유시장에서 사기업에 맡기면 된다고 주장했다. '경쟁은 자본주의의 핵심이다. 경쟁은 자유를 지킨다'고도 했다.

이렇듯 윤석열은 자유지상주의적 자유시장 옹호자인 프리드먼을 좋아한다. 하지만 김종인과 유승민은 윤석열이 프리드먼을 반만 이해하고 있다고 비판했다.

"윤석열 정부의 통치는 아무렇게나 되고 있는 것이 아니다. 지금 이 나라는 윤 대통령이 경제학자였던 아버지로부터 선물 받은 '인생의 책'으로 27년이나 끼고 다녔다는 프리드먼의

<선택할 자유>에 따라 통치되고 있다. 부자들의 세금을 낮추고, 규제를 최소화하며, 카르텔을 척결할 것, 모두 신자유주의의 창시자라 할 수 있는 프리드먼의 요구 사항들이다." 정치학자 이관후 전 건국대 교수의 일침이다.

윤석열 정권이 3년 동안 깎아준 세금은 97조 원. 고소득층의 소득 증대가 소비 및 투자 확대로 이어져 궁극적으로 저소득층의 소득도 증가하게 된다는 '낙수 효과'는커녕 부자들과 대기업들이 떡고물을 나눠 가졌고 정부는 빚더미에 올라앉았다. 세수 펑크가 3년 동안 87조 원, 국가 채무는 1000조 원을 넘어섰다. 윤석열이 무려 27년 전의 경제학자 밀턴 프리드먼의 이론과 그의 신자유주의 이념을 잘못 배우고 오판한 결과이다.

윤석열은 '자유민주주의' 브랜드를 어떻게 상품화했는가?

윤석열은 재임 기간 내내 '자유민주주의', '자유팔이'를 해왔다. 윤석열이 말해온 자유는 통치를 제멋대로 해온 자유이다.

윤석열이 자유민주주의를 자기 정치의 중심 개념으로 내세운 것이 반대세력을 배척할 목적으로 정치적, 이념적 방향성을 강조하거나 정책의 정당성을 확보하기 위한 수단으로 활용되었다는 점에서 '자유' 이념의 상품화라고 볼 수 있다.

윤석열은 '자유민주주의'를 주요 정치적 브랜드로 내세웠다. 이것은 보수 지지층을 결집시키고, 자신이 추구하는 가치와 반대되는 세력을 비판하는 도구로 활용돼왔다.

윤석열과 극우 보수세력들은 지지층과 극우 보수 유튜버들을 통해 '자유민주주의' 브랜드를 자기 이념 정치의 선전도구로 유통해왔다. 정치적 마케팅에 해당한다. 이념 판매상을 자임한 극우 유튜버들은 윤석열이 제공한 '자유' 이념을 팔아 막대한 수익을 올려왔고 앞으로도 그럴 것이다. '반대세력=반국가세력', '반대세력=종북 반국가세력'이라는 이념 상품은 그들이 가장 가치 있다고 자부하는 주력 메뉴이다. 그들은 자신의 주력 상품 판매에 방해되는 요인들을 국민 저항권이란 이름으로 제거한다.

10. 역사 쿠데타

'윤석열 정부는 친일 역사 쿠데타를 멈춰라!' 이런 주장이 나온 이유는 무엇인가?

민족문제연구소는 친일을 미화하고 독재를 찬양하는 이들의 행태를 일컬어 "헌법 전문에 명시된 독립·민주·평화통일의 정신을 정면으로 부정하는 반헌법적 '역사 쿠데타'로, 이는 군사반란을 넘어서는 정신사의 반란"이라고 규정한다.

2024년 8월 14일 광복 79주년을 맞아 국회-시민사회가 함께 여의도 국회 본관 계단 앞 기자회견에서 〈광복 79주년 윤석열 정부는 친일역사쿠데타를 멈춰라! 1000인 선언〉을 발표했다. 더불어민주당, 조국혁신당, 진보당, 사회민주당과 한일역사정의평화행동, 자주통일평화연대가 공동주최했다.

이들은 "윤석열 정부는 친일역사쿠데타를 멈춰야 한다"라며 정부와 대통령을 향해 '친일 매국 정권', '반민족 정권', '조선총독부 총독' 등 맹공을 퍼부었다.

〈오마이뉴스〉에 따르면 이들은 사도광산 유네스코 세계유산 등재와 김형석 독립기념관장 등 뉴라이트 인사 중용에 대한 비판을 두 축으로, 2025년 한일 수교 60주년을 맞아 윤석열 정부가 추진하는 '신한일 선언'에 맞서는 '1000인 선언'을 이날 처음으로 발표했다. "일본에 완전한 면죄부를 부여하고 '한일 군사동맹'으로 자위대를 한반도에 끌어들이려는 목적"을 지적하며 "윤석열 정부의 사대굴종외교"를 규탄해야 한다는 취지였다.

'친일 역사 쿠데타를 멈춰라! 1000인 선언문' 전문

<윤석열 정부는 친일역사쿠데타를 멈춰라! 광복 79주년 1000인 선언문>

올해 우리는 광복 79주년을 맞이한다. 그러나 해결되지 않은 일제 강점기 식민지배 청산 문제는 강제 동원 피해자를 비롯해 우리 사회에 온전한 광복을 가져오지 못하고 있다. 더욱이 윤석열 정부의 반헌법적, 반역사적인 매국 행위로 역사의 시계가 거꾸로 돌아가려 하고 있다. 한일 관계 개선을 명분으로 대일 굴욕외교를 자행해 온 윤석열 정부의 친일 매국 행위는 도를 넘어 '친일 역사쿠데타'에 이르렀다.

일본 밀정 노릇하는 윤석열 대통령 규탄한다.

7월 27일, 일본의 사도광산이 세계문화유산으로 등재되었다. 윤석열 정부는 '강제 동원 표현 않기로 합의'하는 등 일본의 역사 왜곡에 적극적으로 동조했다. 게다가 국민에게는 "일본에 우리가 원하는 것 얻어냈다"고 뻔뻔하게 거짓말을 하고 있다. 아니나 다를까, 사도광산 합의를 둘러싼 굴욕외교의 전모가 속속 드러나고 있다. 8월 7일에는 윤석열 한국 정부가 단 한 차례 '강제성' 기록을 요청했고 일본이 거절하자 이를 바로 포기했다는 사실이 드러났고, 9일에는 국내 비판 여론을 의식해 마치 일본이 한국인 피해자에 대한 강제 동원 사실을 인정한 것처럼 일본 대표의 발언을 조작하기까지 했다는 것이 밝혀졌다. 역사에 길이 남을 매국 행위다. 윤석열 대통령에게 묻는다. 윤석열이 말한 국익은 도대체 어느 나라의 국익인가!

윤석열 정권은 일본 밀정 노릇도 모자라, 전범국 일본을 위해 역사쿠데타를 벌이고 있다.

2024년 8월 7일, 윤석열 정권은 광복회와 독립유공자 단체의 반대를 묵살하고, '뉴라이트'로 알려진 김형석 대한민국역사와미래 이사장을 신임 독립기념관 관장으로 임명했다. '뉴라이트'는 식민지 근대화론을 주장하며 일제 강점기를 옹호하는 세력이다. 이들은 1948년 건국절을 주장하며, 친일파들의 매국 행위를 건국 업적으로 둔갑시키고, 독립운동가들을 테러리스트로 폄훼한다. 신임 독립기념관 관장의 취임 첫 일성이 "친일인명사전에 수록된 인사들 가운데 억울하게 친일로 매도되는 분이 없도록 문제를 제기할 것"이라고 했다니, 기가 막힌 일이다. 독립기념관은 선열들의 독립정신을 선양하고 올바른 국가관 형성에 중추적 역할을 해야 할 곳이다. 독립기념관의 존재 이유와 설립 취지를 생각한다면 이런 후안무치한 짓을 해서는 안 된다.

오늘 2024년 8월 14일은 제12차 세계 일본군 '위안부' 기림일이다.

33년 전 오늘은 일본군 '위안부' 피해자 김학순이 살아있는 증거가 되어 용감하게 우리 앞에 모습을 드러낸 날이다. 첫 공개증언 이후, 피해자들은 끊임없이 일본에 공식사죄와 법적 배상을 요구해왔다. 마침내 일본국의 전쟁 범죄를 인정하는 역사적 판결을 쟁취해냈지만, 일본은 적반하장으로 국제법 위반을 운운하며 책임을 부인하고 있다. 이에 대해서도 마찬가지로 윤석열 정부는 이미 파탄난 2015 한일합의 정신 준수를 앵무새처럼 외치며 굴종외교, 자해외교로 일관하고 있다. 일본의 사도광산 세계문화유산 등재에 동의하기 전에, 윤석열 정부는 일본군 '위안부' 기록물의 세계문화유산 등재가 일본 정부와 우익의 노골적인 방해로 지체되고 있다는 사실을 모르는가.

윤석열 정부는 강제 동원 굴욕 해법을 내놓은 이후 미국이 요구하는 한미일 군사동맹 추진에 박차를 가하고 있다.

지난해 8월 한미일 정상은 캠프데이비드 선언을 통해 한미일 3국이 정보를 공유하고 대응을 동조화하겠다며 사실상의 동맹 추진을 선언하였고, 최근에는 국방장관이 국회와 국민의 동의도 없이 '한미일 안보협력 프레임워크 협력각서'에 서명하여 군사동맹 구축을 '되돌릴 수 없도록 하겠다'고 밝혔다. 윤석열 정부는 2025년 한일협정 60년을 계기로 신한일관계

선언을 발표하려 하고 있다. 일본에 완전한 면죄부를 부여하고, 한일 군사동맹으로 자위대를 한반도에 끌어들이려는 목적이다. 한반도에 다시 자위대가 발을 디딜 날을 학수고대하는 것이 아니라면, 윤석열 정부는 당장 친일매국 행위를 중단하라. (중략)

2024년 8월 14일

극우 보수세력이 저지른 역사 쿠데타는 언제부터 시도되었나?

극우는 극단적 우익, 극단주의 우파를 가리킨다. 역사상 대표적 인물은 이승만이다. 미군정은 이승만을 "극우, Extreme Rightists"라고 명명했다. 이승만은 대한민국 정부를 수립하는 과정에서 친일파를 등용했고 친일파를 청산하려는 시도를 방해하고 저지했다.

뉴라이트는 이승만 초대 대통령을 자유민주주의의 초석을 놓은 '국부'로 추앙한다.

역사 쿠데타의 첫 시도는 이명박 정부 시절의 건국절 논란이다. 2006년 7월 31일 이영훈 서울대 교수는 〈우리도 건국절을 만들자〉라는 글을 동아일보에 썼다. 그는 "1948년 8월 15일 광복절, 그날이 대한민국 건국절"이라고 주장했다. 이명박 정부는 "건국 60년 기념사업위원회"를 출범시키고 2008년 8월 15일 광복절을 건국 60년 기념식으로 거행했다.

두 번째 시도는 박근혜 정부 때 일어난 고등학생용 역사 교과서 국정화 사업이다. 박근혜는 권력을 행사하여 국정교과서 개편을 밀어붙였다. 일본군 위안부 피해 문제 축소 왜곡 및 '식민지 근대화론' 논란을 빚었다. 2016년 광복절 기념사 때는 '건국 68주년'이라고 말했다. 야당은 대한민국 임시정부의 존재를 흔드는 발언이라고 강력히 항의했다.

윤석열 정부에서 서울 시내 곳곳에 설치되었던 독도 모형이 배경 설명이나 이유도 없이 사라진 일이 있었다. '독도 지우기'로 의심받을 만하다.

극우 보수가 저지른 역사 쿠데타로는 어떤 것이 있나?

강제동원 피해자 제3자 변제, 홍범도 장군 등 독립영웅 흉상 철거 시도, 이승만 기념관 건립 추진, 영화 〈건국전쟁〉 지원, KBS 이승만 미화 다큐 상영, 백선엽 동상 설치, 독도조형

물 철거, 뉴라이트 한국사교과서 출판, 사도광산 세계유산 등재 묵인 등. 이 모든 역사부정 행위의 원천은 윤석열 정권의 정부 기구에 핵심으로 뿌리박고 영향력을 넓혀 가는 뉴라이트 세력이다.

뉴라이트 사관에 입각한 윤석열의 친일 행보는 참담한 지경이다. 윤석열 정부가 대일외교의 성과라고 자부했던 사도광산 추도식이 일본에서 2024녀 11월 개최됐으나, 일본은 '강제동원' 등 강제성과 관련된 표현을 사용하지 않았고, 추도식 실행위원장은 개회사에서 사도광산의 유네스코 등재를 '기쁨'이라 표현하는 등 2차 가해에 해당하는 언동을 서슴지 않았다.

한국 정부는 대일관계 개선을 명분으로 물컵에 반을 채워 일본이 반을 채워주길 기다렸지만, 일본은 오히려 물컵을 엎어버린 셈이다. 윤석열 정부의 굴종적인 대일외교의 결과이다.

한국학을 연구하는 대표기관인 한국학중앙연구원의 배신을 예로 들겠다. 교육부 산하 공공기관인 한국학중앙연구원은 2024년 11월,《한국 경제사 개관》이란 제목의 영문판 원서를 발간했다.

'일제 식민지 덕분에 한국경제가 성장했다'는 주장과 함께 한국의 민주화 역사를 깎아내리는 내용의 책을 정부 예산 지원까지 받아 번역해서 해외에 배포했다. 해외에 우리의 위상은 스스로 낮추고 일본은 추켜 알린 셈이다.

한국학중앙연구원 원장인 김낙년은 뉴라이트 역사관을 가진 인물로 이영훈 전 서울대 교수와 함께 《반일 종족주의》 책을 낸 바 있다. 매국적 우파인 김낙년을 윤석열 정부가 임명했다. 그는 "일제가 조선의 쌀을 수탈했다는 교과서는 잘못됐다. 쌀을 수탈한 것이 아니라 수출한 것"이라며 일제 식민통치를 옹호한다. 이 같은 역사쿠데타 사례는 매우 많다.

민족문제연구소는 2024년 8월 29일 일본 제국주의 체제의 한국 병탄 자행을 기억하기 위한 사업의 하나로 경술국치 114년 기억행사를 열어 윤석열 정부의 '친일 7대 죄악'을 선정, 발표했다. △독립영웅 치우기 △친일·친독재 우상화 △강제동원 정부 해법과 굴욕외교 △사도광산 등재와 외교참사 △뉴라이트의 진화 △윤석열 정부의 대일관과 역사 퇴행 △독도 지우기 등 윤석열 정부의 '친일·매국 7대 죄악'은 모두 용산 대통령실로부터 발원했다고 보고 있다.

"영토를 잃은 민족은 재생할 수 있어도 역사를 잃은 민족은 재생할 수 없다"고 단재 신채호 선생이 말했다. 윤석열 정부에서 역사부정을 일삼고 정신세계를 오염시키는 인사들은 누구인가?

뉴라이트 세력은 이명박, 박근혜 정권 당시에는 정치권 외곽에서 역사부정 논리를 생산해 전파하는 데에 주력해왔다. 그러나 윤석열 정권에서는 많은 뉴라이트 출신의 인사들이 고위 공직을 꿰차고 실질적으로 역사부정에 앞장서서 왜곡하고 있다.

이배용 국가교육위원장, 김영호 통일부 장관, 김문수 고용노동부장관, 이진숙 방송통신위원장, 안창호 국가인권위원장, 김태효 국가안보실 1차장, 박지향 동북아역사재단 이사장, 허동현 국사편찬위원장, 김주성 한국학중앙연구원 이사장, 김낙년 한국학중앙연구원장, 김형석 독립기념관장, 박이택·오영섭 독립기념관 이사, 김채환 국가공무원인재개발원장, 박선영 진실화해를위한과거사정리위원장 등이 그렇다.

2024년 12월 17일 민족문제연구소는 역사부정을 일삼는 주요 인사들의 발언을 정리해 기자회견문으로 발표한 바 있다.

"광복절을 건국절로 배워야 한다"는 이배용 위원장, "공산주의자 홍범도 장군 흉상 육사 존치는 어불성설"이라는 허동현 위원장, "한국 국민 수준은 1940년대 영국보다 못하다"는 박지향 이사장, "좌파는 사람을 죽이고 이용한다"는 김주성 이사장, "일제에게 쌀을 수탈당한 것이 아니라 수출한 것"이라는 김낙년 원장, "일제 강점기 우리 선조들의 국적은 일본이었다"는 김문수 장관, "중요한 것은 일본의 마음"이라는 김태효 국가안보실 차장, 취임 첫날부터 "억울하게 친일 인사로 매도되는 분들이 있다"라며 친일파 명예회복을 강조한 김형석 독립기념관 관장, 12.3 내란 다음날 "파렴치한 범죄자 처리를 못 했기 때문에 오늘날 나라가 이 모양"이라며 "국기를 문란하게 하는 자들이 판치는 대한민국, 청소 좀 하자"고 선동한 박선영 위원장 등. 이처럼 극우 보수의 매국적 행태를 낱낱이 열거하면 끝이 없다고 역사문제연구소는 밝혔다.

참고로 2024년 9월 "일제 강점기 우리 선조들의 국적은 일본이었다"는 김문수의 주장은 친일적 사고이다. 일제는 단 한 번도 조선인에게 일본인 국적을 부여한 바 없다. 조선총독부의 통치 아래에서 별도의 법으로 식민교육을 받았다.

3장

다이내믹

K-민주주의

1. 교과서에 실려도 좋을 다섯 가지 탄핵 사유

2025년 1월 14일 국회가 헌법재판소에 탄핵소추 의결서를 제출했다.

다음 내용은 국회쪽 변론 전문 가운데 서론 부분으로 교과서에 실려도 좋을 다섯 가지 탄핵 사유다.

"우선 서론입니다. 탄핵소추 의결서에 있는 소추 사유에는 비상계엄 선포 행위와 국헌 문란 행위가 있습니다. 사실상 비상계엄 선포 행위 역시 국헌 문란 행위이기 때문에 다음의 다섯 가지 국헌 문란 행위가 소추 사유가 되겠습니다."

윤석열은 국민들의 생명과 자유, 안전을 침해했다.

첫째, 비상계엄은 대통령 맘대로 하는 게 아니다.

헌법상 절차를 위반했다.

국회 통보 의무도 지키지 않았다.

둘째, 국회 공격은 명백한 헌법 파괴 행위였다.

셋째, 선관위 침탈은 헌법기관 독립성 침해다.

넷째, 포고령은 민주주의 원칙을 침해했다.

다섯째, 법관 체포 지시는 반헌법적 행위였다.

윤석열에게는 헌법 수호 의지가 없다.

윤석열은 매우 위험하다.

2. 너무 명쾌한 국회 탄핵소추 변론

너무도 명쾌하고 일목요연한 국회 측 탄핵소추 사유 변론.

아래 내용은 정청래 국회 탄핵소추단장이 헌법재판소에서 읽어 나간 국회 쪽 변론 전문이다.

> 존경하는 재판관님들께
>
> 국회 소추위원 국회 법제사법위원회 위원장 정청래입니다.
>
> 대한민국은 법치국가이고 모든 법의 으뜸은 헌법입니다.
>
> 대한민국 헌법 130개 조항을 압축 요약해 놓은 헌법 전문에서 '불의에 항거한 4.19 민주이념을 계승한다'고 되어 있습니다. 이는 사실상 5.16 군사 쿠데타를 불의한 것으로 규정해

헌법 정신에서 탄핵하고 있습니다.

대한민국의 주인은 국민입니다.

헌법은 제1조에서 "대한민국은 민주공화국이고, 대한민국의 주권은 국민에게 있고 모든 권력은 국민으로부터 나온다"고 주권재민의 정신을 선언하고 있습니다.

국민의 것은 국민의 것입니다. 국민으로부터 위임받은 권력이 위헌, 위법적으로 국민 위에서 군림할 수는 없습니다.

헌법 수호의 파수꾼 헌법 재판관님

2024년 12월 3일 아침은 평범했습니다.

대한민국 수도 서울의 기온은 영하 2도였습니다. 국민들은 늘 그렇듯이 출근을 서두르고 있었고 그날 아침 헤드라인은 명태균 핸드폰 행방 논란이었습니다.

세계 방산 수출 100대 기업에 우리 기업 4곳이 포함됐고, 대한민국 한강 작가의 노벨 문학상 수상 관련 좋은 소식도 있었습니다. 미국 바이든 정부의 우크라이나 군사지원 뉴스는 있었지만 휴전선 전방은 조용했고, 어떤 국민들도 군사적 위협을 느끼지 않은 평온한 하루였습니다.

그렇지만 재판관님들도 보셨듯이 그날의 밤은 평온하지 않았습니다. 비상계엄 선포 소식을 접한 수많은 국민들은 설마 가짜 뉴스일 거라고 생각했습니다. 그러나 너무나 비현실적이었던 계엄 선포는 엄연한 현실이었습니다.

피청구인 윤석열은 2024년 12월 3일 비상계엄선포 긴급 담화문에서 "국회는 범죄자 집단의 소굴이 되었고 자유민주주의 체제 전복을 기도하고 있고 국회가 자유민주주의 체제를 붕괴시키는 괴물이 된 것 같다. 대한민국이 당장 무너져도 이상하지 않을 정도로 풍전등화의 운명에 처해 있다. 우리 국민의 자유와 행복을 약탈하고 있는 파렴치한 종북 반국가 세력들을 일거에 척결하고 자유 헌정 질서를 지키기 위해 비상계엄을 선포한다"고 했습니다.

이 궤변을 누가 믿겠습니까?

대한민국 국민들 누가 봐도 당장 무너져도 이상하지 않을 정도의 상황은 결코 아니었습니다.

피청구인 윤석열의 12월 3일 비상계엄선포 이후 대한민국은 혼란에 빠졌고 나라 전체가 몸살을 앓고 있습니다.

12월 3일 내란의 밤부터 민주주의 나라 대한민국의 국격은 실추되었고, 경제의 적 불확실성이 해소되지 않으면서 국민들은 한 달 넘게 불안과 공포에 휩싸여 내란성 불면증에 시달리고 있습니다.

국민들의 저항과 국회의 신속한 대응으로 비상계엄이라는 독재의 시도가 수포로 돌아간 후에도 피청구인은 망상에 근거한 자신의 경거망동을 반성하기는커녕 수사에 응하지도 않았고 법원이 발부한 체포영장의 집행도 막무가내로 거부했습니다. 이것은 대한민국의 사법체계를 뿌리째 부정하는 것입니다.

소추위원 이전에 국민의 한 사람으로서 이런 사람이 대한민국 국정의 최고 책임 자리에 있었다는 것이 참으로 참담합니다.
이 탄핵 심판은 이런 사람을 군 통수권을 행사하는 자리로 다시 복귀시킬 것인지 말 것인지를 결정하는 재판입니다.
그 결론이 어떠해야 하는지는 너무도 자명합니다만 피청구인의 폭거로 빚어진 국가적 혼란 상태가 하루빨리 종식돼야 하므로 신속한 심리를 간곡히 요청드립니다.

헌법 수호 최후의 보루이신 재판관님

대한민국 국가 경쟁력은 바로 국민입니다. 국민들은 위대합니다.

비상계엄 소식을 듣자마자 달려 나온 국민들께서 국회 본청까지 쳐들어온 계엄군을 막아서고 장갑차 앞에서 온몸으로 저항했습니다. 국민들이 국회의원들의 본청 출입을 도왔습니다. 이처럼 국민들께서 골든타임을 확보해 주신 덕분에 국회의원들이 계엄 해제 요구안을 통과시킬 수 있었습니다.

오늘날 대한민국이 전 세계의 부러움을 받을 정도로

정치, 경제, 그리고 문화적으로 우뚝 서게 된 것은 한국 현대사를 치열하게 살아내신 우리 선조들과 현재를 살아가는 우리들의 합작품입니다.

이토록 자랑스러운 대한민국을 하루아침에 전 세계 웃음거리로 만든 것이 피청구인의 비상계엄 선포였습니다.

그러나 민주주의를 지켜내려는 국민들의 열망으로 피청구인의 독재 기도를 막아낼 수 있었고 세계는 다시 대한민국 민주주의의 놀라운 회복력에 주목하고 있습니다.

이 모든 것이 국민들 덕분입니다.

국민 여러분들께 진심으로 감사드립니다.

존경하는 재판관님

피청구인은 헌법 제69조에 따라 "나는 헌법을 준수하고 국가를 보위하겠다"는 선서를 하고 대통령에 취임했습니다.

그러나 피청구인은 헌법을 수호하기는커녕 헌법을 유린했습니다. 대한민국의 헌법과 민주적 시스템을 송두리째 무너뜨리려 했던 피청구인 윤석열을 왜 파면해야 하는지 그 이유를 말씀드리겠습니다.

첫째, 피청구인 윤석열은 계엄의 조건을 위반했습니다.

헌법 제77조 제1항에 "대통령은 전시 사변 또는 이에 준하는 국가 비상사태에 있어서 병력으로써 군사상의 필요에 응하거나 공공의 안녕질서를 유지할 필요가 있을 때에는 법률이 정하는 바에 의하여 계엄을 선포할 수 있다"고 되어 있습니다.

우리나라는 전시상황도 국가 비상사태도 아니었고, 병력으로써 공공의 안녕질서를 유지할 만큼 혼란도 없었습니다.

같은 내용을 규정하고 있는 계엄법 제2조 2항도 동시에 위반하였습니다.

둘째, 피청구인 윤석열은 계엄 선포의 절차를 위반했습

니다.

계엄법 제2조 5항은 "대통령이 계엄을 선포할 때에는 국무
회의의 심의를 거쳐야 한다." 제6항 "국방부 장관 또는 행정
안전부 장관은 국무총리를 거쳐 대통령에게 계엄 선포를 건
의할 수 있다"고 되어 있고 헌법 제82조 "대통령의 국법상 행
위는 문서로서 하며 이 문서에는 국무총리와 관계 국무위원
이 부서한다. 군사에 관한 것도 또한 같다"고 되어 있습니다.

현재까지 국무위원들의 증언에 따르면 형식과 절차에 따
른 정상적인 국무회의는 없었고, 현재로서는 국무회의 문서
도 부존재해 보입니다. 이처럼 피청구인이 선포한 비상계엄
은 내용과 절차 면에서도 전혀 헌법과 계엄법을 따르지 않았
습니다.

셋째, 국회는 비상계엄이나 어떤 경우라도 침탈할 수 없
음에도 불구하고 위헌 위법하게 침탈해 국회의 기능을 마
비시키려 했습니다.

헌법 제77조 제5항에는 "국회가 재적 의원 과반수의 찬성
으로 계엄의 해제를 요구한 때에는 대통령은 이를 해제해야
한다"고 되어 있습니다. 비상계엄을 해제할 수 있는 곳은 유

일하게 국회입니다.

이런 국회의 권한과 권능을 방해하려고 국회를 무장 병력으로 봉쇄하려 했습니다. 이는 명백한 국헌 문란 행위 내란입니다.

넷째, 피청구인 윤석열의 계엄 포고령 1호 2항 "국회와 지방의회 정당의 활동과 정치적 결사집회 시위 등 일체의 정치활동을 금지한다"는 것은 헌법 제77조 3항을 정면으로 위반했습니다.

이 조항 어디에도 국회에 관한 특별할 조치를 할 수 없습니다. 이 포고령 1호는 정치 활동의 자유, 정당 활동의 자유를 보장한 헌법 제8조 언론, 출판의 자유를 보장한 헌법 제 21조 등을 명백하게 위반했습니다.

다섯째, 계엄군이 중앙선관위를 위헌 위법하게 침탈한 것도, 사법부의 주요 인사를 체포 구금하려고 했던 것도 모두 헌법과 법률을 위반했습니다.

이는 헌법 제77조 제3항, 형법 제91조, 헌법 제114조를 명백히 위반했고, 헌법 제105조, 제106조에서 규정한 사법권의 독립을 정면으로 위반했을 뿐만 아니라, 삼권분립 정신에도 위배된다 할 것입니다.

이 밖에도 피청구인 윤석열은 12.3 내란 사태 이후 법관이 발부한 체포 영장마저 거부하였고, 극히 일부 지지자들에게 기대어 국가 혼란을 부추기고 있고, 부정선거라는 망상에 사로잡혀 있습니다.

대통령 관저 농선전 때문에 일촉즉발 무력 충돌사태까지 염려될 지경이었습니다. 체포되는 순간까지 사법체계를 불인정했습니다.

피청구인 윤석열이 수사기관에 저항하는 것을 보면 헌법 수호 의지가 손톱만큼도 없습니다.

만에 하나 탄핵이 기각되어 피청구인이 다시 대통령직에 복직하면 또다시 제2의 비상계엄을 저지를지 모른다는 의심을 받기에 충분한 언행을 계속하고 있습니다.

피청구인 윤석열은 지금도 비상계엄이 고도의 통치 행위로서 사법심사의 대상이 아니라는 천진한 이론에 기대어 반성과 성찰을 거부하고 있습니다.

피청구인 윤석열은 아직도 자신이 무슨 잘못을 했는지 모르고 있을 뿐만 아니라 계엄과 독재 시도를 정당화시키려는 궤변을 늘어놓고 있습니다.

그를 파면함으로써 하루빨리 대한민국을 정상으로 돌려놓아야 합니다.

위헌 위법한 비상계엄을 선포하여 피로써 지켜온 헌법을 총칼로 파괴하려 했던 피청구인 윤석열을 파면함으로써 얻을 헌법수호의 이익이 여타의 손실보다 압도적으로 크다 할 것입니다.

프랑스 소설가 알베르 카뮈는 "어제의 범죄를 벌하지 않는 것은 내일의 범죄에 용기를 주는 것과 똑같이 어리석은 것이다"라고 일갈한 바 있습니다.

아울러 지연된 정의는 정의가 아닙니다.

자랑스러운 대한민국의 역사에서 돌출된 헌법의 적, 민주주의의 적이 다시는 준동하지 못하도록 만장일치로 신속하게 피청구인 윤석열을 파면해 주시기를 바랍니다.

존경하는 헌법 재판관님들의 현명한 판결을 기대합니다.

3. 윤석열 계엄에 감사하다

계엄은 국민들이 올바른 민주주의를 깨닫게 하는 시련

도올 김용옥 전 고려대 교수가 "윤석열이 계엄을 내린 것에 감사했다"고 말했다. 비상계엄 선포는 국민들이 올바른 민주주의를 깨닫게 하는 시련이며, 이 시련 속에서 진짜 '민주'라는 것이 무엇인지를 세계인들에게 보여줄 것이라고 확신한다고 밝혔다.

도올은 2025년 1월 31일 MBC 라디오 '권순표의 뉴스하이킥'에 나와 "그날 밤 (계엄 선포를) 딱 들으면서 우리 민족에게 이런 시련을 주시다니 하나님께 감사를 드리게 됐다"고 말했다.

도올은 윤석열이 대통령 취임 초부터 계엄을 생각했을 것이라고도 주장했다. 그는 "대통령이 돼서는 안 될 사람이 대통령이 됐을 때 (자리에서) 내려갈 수가 없는 거다. 내려가면 죽으니까"라고 했다. 이어 "죽지 않으려다 보니 대통령 되자마자 그런 불안감에 (계엄을) 기획한 것 같다"고 주장했다. 이어 "안 내려가고 할 수 있는 건 영구집권밖에 없고, 영구집권을 하려면 완전히 모든 사태를 한 방에 되돌릴 수 있는 아주 특수한 조치가 필요했다. (그래서) 군대를 동원하는 어리석은 생각을 한 것"이라고 분석했다.

부정선거 음모론에 대해선 '극우' 집단의 문제가 아니라 비상식의 영역으로 봤다. 도올은 "지금 극우라고 하는 사람들은 합리적인 사고를 못 한다. 어떠한 종교적인 사변에 의해서 그걸 조작하는 사람들에게 완전히 세뇌당한 사람들이다"라며 "(극우 집단은) 공산주의가 뭔지도 모르고 우파의 주장이 뭔지도 모른다. 우리나라의 보수세력을 보면 엉망이다"라고 비판했다.

"윤석열이라는 사람의 특성은 자기가 무슨 짓을 하는지를 근본적으로 모르는 사람"이라며 하나님이 "우리 민족에게 이렇게 터무니없는 인물을 대통령으로 앉히서서 민주주의가 이러한 시련도 겪을 수 있다는 것을 깨닫게 해주시는구나(라는 생각에) 어떤 의미에서 윤석열이 계엄을 내렸다는 것 자체가 감사했다"고 말했다.

4. 하나는 모두를, 모두는 하나를 기억하는 사회

다시는 눈물 나지 않게, 다시는 집단적 기억의 아픔이 반복되지 않게, 우리 모두 기억하는 사람이 되자. 더 단단한 민주주의를 위해.

탄핵 집회의 주역, 응원봉을 든 2030 청춘들이 거리로 쏟아져 나온 까닭은 무엇인가?

국가 폭력, 일상적 재난의 시대에 '사회적 기억'의 의미를 되묻고, 우리 사회 모두의 안녕을 위해 기억하는 사람이 되려고 했을 것이다. 사회적 기억은 집단 기억으로서 사회적·역사적 사건을 사회적 관점으로 바라보게 하고 재구성하여 법, 정치 제도, 문화적 재현, 사회적 관계의 형성 등과 같은 사회적 실천으로 이어가는 기억이다.

K—민주주의는 다이내믹하다. 2024년 12월 3일 11시, 윤석열이 불법 계엄을 선포한 지 한 시간여 만에 190명이나 되는 의원들이 믿기 어려울 정도의 속도와 의지로 국회에 모여들었다. 경찰의 봉쇄를 뚫고 담을 넘었다. 국회 보좌관들과 함께 계엄군의 원내 진입을 막아냈다. 12월 4일 01시 01분경 국회의 비상계엄 해제 요구 결의안이 가결 처리되었다.

계엄 당일 수천 명의 시민들이 국회 앞에 모여 의원들이 담을 넘도록 도와주었고, 군 작전 차량을 막아섰고, 경찰과 몸으로 대치하며 민주주의를 복원했다. 이후부터 시민들의 모임은 더 커졌다. 세대를 가리지 않고 수십만 명이 국회 앞에 모였고, 수백만 명이 광장에서 민주주의 적들과 싸웠다. 마침내 시민들의 자발적 참여민주주의가 이겼다.

5060 세대의 꽃병(화염병)은 촛불로, 다시 응원봉으로 바뀌어 거대한 시민의 힘으로 작동했다.

12·3 비상계엄 후 평소 정치에 무관심하다고 알려진 청년층이 광장으로 거리로 쏟아져 나왔다. 2030 세대다. 윤석열 탄핵 국면에서 가장 적극적으로 행동한 이들은 특히 2030 여

성들이다.

2011년 오세훈 서울시장은 아이들에게 친환경 무상급식을 제공할 수 없다며 무릎 꿇고 시장직을 걸었다. 지금의 2030 세대는 바로 그 시대의 아이들이 국가의 공적인 역할에 대해 눈을 뜨고 자란 세대들이다. 2014년 세월호 참사에 이어 2022년 이태원 참사를 목도한 세대다. 국민의 안전을 위해 국가가 무엇을 해야 하는지를 깨달은 세대다. 이들은 일찍부터 양성평등 교육을 통해 '평등', '공정' 등 민주적 가치에 관심을 갖고 자란 세대다.

그들은 민주주의의 적들이 누구인지, 무엇에 분노해야 하는지를 아는 것이다.

특히 2030 여성들을 탄핵 집회의 장으로 이끈 것은 무엇일까. 〈경향신문〉은 2030 여성들이 처한 사회경제적 환경을 통계로 살펴봤다.

- 15~39세 여성의 임금이 동일 연령 남성의 71%에 그쳤다. 지난해 기준으로 남성은 3408만 원, 여성은 2447만 원이었다.
- 남녀 임금 격차가 31.2%. OECD 회원국 가운데 1위다. 회원국 평균은 12.1%다.

출처 : 슬로우뉴스

- 출산 이후 고용률이 급감했고 맞벌이를 하더라도 가사 부담이 남성의 3배였다.

- 자녀가 없는 30대 여성은 경제활동 참가율이 78.7%인데 자녀가 있는 30대 여성은 53.5%에 그쳤다. 다른 나라들은 여성 고용률이 40대까지 점점 늘어나다 50대부터 꺾이는데 한국은 30대부터 감소하다 40대 중반부터 늘어나는 M자형 곡선을 이룬다.

- 맞벌이 부부의 가사 노동은 남성이 주당 54분, 여성은 187분이었다. 남성이 외벌이인 경우 남녀 각각 53분과 341분인데 여성이 외벌이인 경우도 119분과 156분으로

여성이 더 길었다.

● 유리천장 지수에서 한국은 12년 연속 꼴찌다.

2030 세대가 탄핵 집회에 적극적으로 참여한 정치적 이유는 첫째, 민주주의에 대한 위기감 의식이다. 윤석열의 비상계엄 선포는 민주주의의 근간을 위협하는 행위로 받아들여졌다. 2030 세대는 이러한 상황을 좌시할 수 없다는 위기감을 느끼고 거리로 나선 것이다.

둘째, 개인의 소중한 가치 수호를 위해서다. 2030 세대의 다수는 자신이 소중히 여기는 것들을 지키기 위해 집회에 참여했다. 예를 들어, 아이돌 그룹의 응원봉을 들고 나와 '내 사랑이 이긴다'는 메시지를 전달하며, 개인의 일상과 사랑하는 것들을 보호하려는 의지를 나타냈다.

셋째, 사회적 연대와 책임 의식에 눈을 떴다. 세월호 참사와 같은 사건을 겪은 2030 세대는 사회적 부조리와 불의에 대해 민감성을 가지고 있다. 이러한 경험은 그들이 사회적 책임을 느끼고, 부당한 권력에 맞서기 위해 행동하게 만든 요인 중 하나다.

이러한 요인들이 작용하여 2030 세대는 탄핵 집회에 적극적으로 참여하게 된 것이다.

2030 세대는 탄핵 집회를 통해 새로운 시위 문화를 주도하고 한국 정치의 희망으로 떠올랐다. 정치적 발화의 주체가 586세대에서 2030 여성으로 변화하고 있다는 증거다.

5. 사랑이 이긴다, 응원봉에 깃든 마음

**응원봉은 한국 민주주의 미래의 희망. '이태원 참사', '채 상
병 사건', '의료 대란', '혐오와 차별의 확산'에 저항한 상징.**

    2002년 6월 13일 경기도 양주 한적한 시골길에서 두 명의
중학생이 주한미군 장갑차량에 치여 숨진 사건이 발생했다.
분노한 시민들이 그해 11월 30일 서울 광화문에서 1만 개의
대규모 촛불을 켜고 이들을 위로하고 기리는 촛불집회를 열
었다. 그 뒤로 지난 22년 동안 촛불은 한국 사회가 위기에 처
할 때마다 거리를 메웠다. 2024년 12월에는 응원봉이 그 자리
를 대신했다.
    응원봉은 말한다. "서로를, 우리 공동체를, 소중한 가치를

242

지키기 위해 함께하는 마음을 이기는 권력이란 없다."

"응원봉에는 누군가를 아끼는 마음이 깃들어 있다. 아낀다는 건 파괴를 막는 일이다. 누군가를 혹은 무엇을 다치거나 상하지 않게 하는 행위다. 손해를 보는 일이기도 하다. 시간과 수고와 돈을 들여야 하기 때문이다. 그래도 상관없다. 소중한 것을 지키는 것은 결국 나의 일부를 지키는 일이기도 하기 때문이다"라고 〈한겨레〉는 분석했다.

로이터 통신은 'K-팝 야광 응원봉이 한국의 탄핵 요구 시위에서 불타오르다'라는 제목의 서울발 기사에서 시민들이 시위에 들고나온 응원봉이 기존의 촛불을 대체하며 "비폭력과 연대의 상징"으로 떠올랐다고 보도했다.

워싱턴포스트WP는 "탄핵 촉구 집회에 모인 군중들은 최근 몇 년간 전형적인 정치 시위보다 젊어졌다. 10대 후반과 20대 한국인들은 케이팝 콘서트에서 응원봉을 가져와 나이 든 한국인들과 함께 조국의 민주주의를 지키기 위해 일어섰다"고 호평했다.

2030 세대는 기존의 집회 방식에서 벗어나, 응원봉과 K-팝 음악을 활용하여 축제와 같은 분위기의 시위를 만들어냈다. 이로써 시위에 대한 진입 장벽을 낮추고, 더 많은 참여를 이

끌어낸 원동력이 되었다.

비상계엄 정국에서 응원봉은 '민주주의를 지키는 불빛'으로써 시민 저항과 연대의 상징이 되었다. 이는 2030 세대가 민주주의를 수호하고자 하는 의지를 나타낸다. 응원봉은 2030 세대 여성들이 들고 온 것이었다. 2030 세대는 5060 세대의 과거 비장한 '민중가요'보다 다양한 시기에 발매된 K팝 곡들을 불렀다. 비장감 대신 축제 분위기를 방불케 하는 흥겨움이 시위 현장을 달궜다.

2030 세대는 세월호나 이태원 참사, 채상병 사건 등에서 정권이 보여준 태도가 자신들을 변화시켰다고 생각한다.

6. 남태령에서 온 소녀

"나는 불량한 자들의 시대가 가고 인간이고 싶은 이들의 시대가 열리고 있음을 직감했다." _남태령 전봉준 투쟁단의 강광석 씨

2024년 "12월 21일, 수원의 아침은 몹시 추웠다. 전남 구례에서 올라온 트랙터 한 대는 눈길 가파른 경사로 발판을 내려오다 전복되었다. 사람은 다치지 않았다. 출발 전에 '가자 서울로, 윤석열 체포하고 농민헌법 쟁취하자'고 앞에서 외쳤고, 뒤에서는 '혹시 경찰이 막으면 남태령일 거야'라고 누군가 말했다. 트랙터는 총 37대였다."

윤석열의 구속을 촉구하며 트랙터를 몰고 상경 시위에 나

출처 : 오마이뉴스

선 전국농민회총연맹(전농) 소속 '전봉준 투쟁단'의 강광석 씨
가 그날의 기록을 남겼다.

　　그날 서울로 올라오던 전봉준 투쟁단 트랙터가 남태령에서
봉쇄당했다. 경찰이 농민들을 폭력적으로 저지하는 동영상
이 삽시간에 퍼져나갔다. 이에 SNS에서 분노의 소리가 증폭
됐다.

　　"남태령 양방향 도로는 완전히 차단되었다. 첩첩산중이고
　　고립무원이며 진퇴양난이며 속무수책이었기 때문에 남태령

출처 : 슬로우뉴스

은 대열이 살거나 죽을 자리였다. 오후 해가 가파르게 졌다. 령은 양쪽 높은 봉우리 중간에 있었다. 령은 서울의 길목이며 산을 낀 수도방위사령부 철책은 삼엄했다. 그곳이 1980년에 노태우가 사단장이었다는 사실, 이번 쿠테타에서는 지하 벙커에 잡아온 정치인을 가두려고 했다는 사실에 아랑곳하지 않고 배는 계속 고팠다. 빵과 떡이 일부 돌았으나 그것도 바닥났다. 인근에 상점은 없었다. 령을 넘어가려는 바람의 숨소리는 거칠어서 사람들은 밖에 나오지 않고 트랙터 안에서 시동을 켜놓고 시간을 보냈다. 내 트랙터는 히터가 나오지 않았다. '아 여기서도 춥고 배고픔에는 계급이 있구나'라고 생각했다."

그러나 22일, 남태령에 새벽이 들자 누가 봐도 전혀 새로운 시간이 찾아왔다. 트랙터 행렬 앞에서 물결치는 수많은 응원봉들, 칼바람 속에서도 2030 세대는 노래와 춤으로 서로를 감싸 안으며 연대의 열기를 키웠다. 이들이 윤석열 탄핵 시국에서 가장 역동적이고 감동적인 장면을 만들어냈다. 여성, 성소수자, 장애인, 사회적 약자들이 '가장 먼저' 남태령으로 달려와 농민들과 함께 펼쳐낸 광장의 시간이었다.

그들은 "나라는 2030 여성을 버렸지만 2030 여성은 나라를 구하기 위해 이 자리에 왔다"고 함성을 질렀다.

그날의 강광석 씨 기록을 더 따라가 보자.

"따뜻한 떡볶이가 왔다. 시민이 보내준 것이라고 했는데 두 그릇을 먹었다. 조금 있으니 김밥이 왔다. 있을 때 먹어 두어야 한다고 생각하고 다시 먹었다. 핫팩이 왔다. (…) 저녁 10시가 되자 대열은 눈덩이처럼 커졌다. 이제 사람들은 한 5천 명, 아니 만 명, 숫자는 가늠되지 않았다. 밀물이 뭍을 압박하듯 사람들이 밀려들었다. (…) "

"10시가 넘자 사회자가 걱정된 목소리로 물었다. '이제 곧 지하철이 끊기면 이곳은 올 수도 없고 나갈 수 없는 곳이 됩니다. 어찌합니까?' 어떤 사람이 마이크를 잡고 말했던 것 같다. '멀리서 오신 분들이 여기서 이 고생을 하는데 혼자 있게 해서야 되겠습니까? 박수가 터져 나왔고 그렇게 밤샘 농성은 만장일치로 결정되었다.

이때부터 응원봉이 바다를 이루었다. 바다 빛은 서로 다르면서 하나였다. 네모, 동그라미, 세모였고 파란빛, 빨간빛, 노란빛이었다. 손잡이 길이도 짧은 것과 긴 것이 있었다. 물어보니 가격도 달랐다. 왜 그런 것까지 물어보냐고 웃은 사람들도 있었으나 나는 합리적 추론이 가능한 통계를 확보하기 위해 부끄럼을 무릅쓰고 여기저기 물어보았다. 최저 가격이 3만 원이었고 최고 가격이 10만 원이었다. 그들은 대개 젊거나 어린 여성들이었는데 모르는 노래가 없었고 지칠 줄 몰랐고 준비성도 좋아서 모자와 마스크, 목도리와 방한 숄더, 돗자리와 장갑, 작고 얇은 이불로 몸을 감쌌다."

"나는 그들의 음악을 유심히 들었는데 티어스와 밤이면 밤마다, 여행을 떠나요, 남행열차, 질풍노도, 다만세와 로제의 아파트와 윤수일의 아파트와 BTS 등을 불렀고 여기에 적지 못한 노래가 더 많다. 김연자의 아모르파티도 불렀는데 기가 막힌 것은 노래를 부르면서 구호를 외친다는 것이었다. 가사와 가사 사이, 시로 말하면 1연과 2연 사이에 불과 1, 2초 간격에 '탄핵 탄핵 윤석열 탄핵'과 '차 빼라, 차 빼라'를 떼창했는데 원래 그 노래에 그 가사가 생겨 먹은 것처럼 자연스러웠다. 집회 사회자라 하기는 어렵고 무슨 DJ라고 해야 할 주관자는 노래마다 타이밍을 기가 막히게 찾아내 떼창을 유도했는데 실로 이것은 경이로운 사태였다. 그들은 밤새웠고 그것을 보는 농민들은 입을 다물지 못했고, 보고 싶어서 들어가지도 못했다. 이것은 한 개의 나락이 160개의 알곡이 되는 일보다 놀라웠다. 그들은 노래하며 춤추고 말하고 한숨 쉬고 야유하고 환호했다. 처단할 것을 결의하고 울지 마라며 위로했다."

"그들은 순서대로 발언대에 올라 3분을 말했는데 그러기 위해 세 시간을 기다렸다. 수학을 가르치는 학원 강사, 초등학교 교사, 농업을 공부하는 대학원생, 광주에 사는 롯데 팬, 전라도 혐오 때문에 괴로운 대학생, 이번에 수능을 본 재수생, 자신이 농업지대에 산다는 학생, 부산에서 주말마다 올라온다는 24살 여성, 수방사에서 군인으로 근무한 아버지를 둔 직장인, 아들을 군대에 보낸 여성, 대학을 가기 위해 뒤늦게 수능준비를 한다는 30대 여성, 취직이 걱정인 4학년 여학생, 대학 총학생회 활동을 하는 성소수자 남성, 이태원 참사에서 희생당한 친구를 둔 여성, 양평에서 아버지가 농사짓는다는 직장인을 따라온 양평에서 혼자 농사짓는 여성, 농민운동가 아버지를 그리워하며 연단에 선 고 신용범의 딸 신우리, 집회장의 천연기념물이 되었다는 20대 남성, 특성화고를 졸업하고 노조 운동을 한다는 21살 여성 등이 말했다. 그들의 말 잔치는 끝이 없었고 박수의 가열참은 겨울 공기를 뚫었다."

"그들은 하나같이 핸드폰으로 자신들이 할 말을 적어왔는데 발언의 마무리를 구호로 하는 것은 일종의 유행처럼 되어가는 것 같았다. '나라는 2030 여성을 버렸지만 2030 여성은 나라를 구하기 위해 이 자리에 나왔습니다'는 말을 듣고, 나는 나라가 부끄러웠고 나라의 미래를 보았다.

나는 22일 일요일 새벽 4시를 잊을 수 없다. 민중가수 최도은은 활화산이었고 불화살이었다. 최도은은 음악도 없이 불나비를 불렀는데 입때껏 그런 날것 같은 포효를 본 적 없다. 맥박도 핏줄도 터지는 것 같았다. 그들은 '임을 위한 행진곡'과 '농민가'를 떼창했다. 삼천만 잠들었을 때 몇 사람 깨워서 서울로 향했던 우리는 그들이 부르는 진리와 죽은 자가 갔던 길과 밝은 태양 솟아오르는 산자의 길을 생각했다."

"나는 연민과 분노를 생각했다. 여성, 성소수자, 이주노동자, 장애인, 농민, 특성화고 출신 비정규직 노동자의 고통을 직시하려는 마음, 타인의 배고픔과 추위를 외면하지 않는 마음, 차별과 배제의 고통에 함께하려는 마음이 인간의 마음이며 인간의 마을에 피어나는 꽃이라고 생각했다."

"나는 22일 일요일 새벽 4시 남태령에서 여명을 보았고 승리를 확신했고 세월호의 부활을 보았다. 그 후로부터는 경찰벽을 넘는 것도, 한강을 넘은 것도, 윤석열 자리의 턱밑까지 압박한 것도 이미 되어질 길이었다.

체면과 양심이 대열을 분산의 길에서 구했고 연민과 분노가 트랙터의 길을 열었다. 나는 불량한 자들의 시대가 가고 인간이고 싶은 이들의 시대가 열리고 있음을 직감했다. 나는 저들의 형식의 가벼움과 내용의 무거움을 이해하려 애썼다. 나는 저들을 배불리 먹이기 위해 농사를 더 열심히 짓고 싶어졌다."

출처 : 28시간의 남태령 · 강광석

7. 늙은 정치는 가라

삶이 나아지질 않고, 미래 행복도 불확실하다면 내 문제는 누가 만든 것인가? 이 문제는 누가 해결할 수 있는가?

"저 윤석열 찍었어요. 그게 부끄러워서 나왔습니다." "국회에 못 가서 부끄럽다', '농민들에 대해 잘 몰라서 부끄럽다'… '집에 가만히 있을 수가 없었다', 시민들이 다들 부끄럽다고 해요. 저도 부끄러워서 이 자리에 나왔습니다."

남태령역 앞 집회 무대에 오른 여성 A 씨는 이같이 말했다.

"불법 집회? 민주주의 국가에 불법 집회가 어디 있습니까? 마! 니 그 따구로밖에 공부 안 했나! 이태원 때 아무것도 안 한 주제에 여서 뭐 하자는 긴데? 차 빼!" '남태령 대첩'에서 한 발언자가 경찰을 향해 내지른 말이 SNS에서 화제를 모았다.

국민의힘과 보수언론은 '불법집회' 프레임을 다시 꺼내 들었고, 국민의힘 윤상현 의원과 권성동 원내대표는 남태령 시위를 '난동'이라고 주장했다. 그러나 집회의 중심이 된 2030 여성들은 그런 보도나 주장이 집회 참가자들 사이에 "안중에 없다"고 입을 모았다.

12·3 비상계엄 사태 이후 이어진 탄핵 정국에서 2030 여성들이 주도적 역할을 했다. 이들은 아이돌 응원봉을 들고 축제 같은 분위기로 국회를 압박하며 탄핵소추안 가결을 끌어냈다. 20·30대 여성들의 관심이 다른 사회적 약자로 이어지며 이들의 정치적 목소리가 커지고 있다.

김준일 시사평론가는 "여성들은 상대적으로 사회적 약자의 위치이기 때문에 사회문제에 있어 다른 약자들과 연대에 더 적극적이다"며 "조기 대선이 치러진다면 (지난 대선처럼) 20·30대 세대에서 젠더가 극명하게 갈리는 기조가 강화될 가능성이 높다"고 분석했다.

탄핵 정국에서 2030 여성들은 성소수자, 청년, 여성, 노동자, 장애인 등과 연대하며 타인의 고통을 직시하고, 타인의 배고픔과 추위를 외면하지 않고, 차별과 배제의 고통에 함께 하려는 마음을 키웠다. 하나는 모두를, 모두는 하나를 기억하고자 하는 마음이다. 그런 마음의 연대가 있었기에 탄핵 집회는 사회적 약자들에게 승리를 경험하게 하고, 서로를 지켜주게 한 경험의 시간이 되었을 것이다. 편견과 세대를 넘어선 공감의 시간으로.

그들의 거대한 연대가 앞으로도 일상에서 이어져 작동하는 세상, 혐오와 차별을 딛고 공존하는 세상…. 이런 새로운 세상을 2030 여성들은 이미 만들어가고 있는지 모른다.

그러므로 새로운 민주주의를 경험한 2030 여성들의 정치적 참여는 조기 대선에서 중요한 변수로 작용할 것이다.

과거 선거에서 2030대 여성들은 특정 후보나 정당에 대한 지지가 뚜렷하지 않았지만, 최근의 정치적 사건들은 이들의 표심에 영향을 미쳤다. 예를 들어, 2022년 대선에서는 2030 세대 여성들이 특정 후보에 대한 지지를 통해 정치적 의사를 표현한 바 있다.

탄핵 정국에서 2030 세대의 무당층 비율이 각각 33%와 28%로 높게 나타났다. 이는 이들이 특정 정당에 얽매이지 않고, 상황에 따라 표심을 결정할 수 있음을 시사한다. 따라서 앞으로 한국 정치에서 2030 여성들은 캐스팅보트로서 중요한 역할을 할 것으로 보인다.

8. 보수우파가 멸종하지 않으려면?

우파의 정치 스펙트럼에 국민의힘을 적용해 보면 어떤 정책 성향이 나타나는가?

국민의힘을 정치학에서 말하는 우파정치의 유형에 적용해 보면, 경제적 우파(자유시장주의)와 국가주의적 우파(강한 법과 질서, 안보 중시) 성향을 띤다. 하지만 국민의힘 정책과 행보를 좀 더 분석하면 전통 가치를 중시하는 보수주의와 반공주의, 권위주의적 통치 방식으로 인해 극우적 요소가 강하다.

현재 한국 보수우파에게서는 첫째, 경제적 우파(자유시장주의, 신자유주의) 성향이 나타난다. 국민의힘은 윤석열 재임 중에 친대기업 정책을 펼치며 과도할 정도로 법인세를 인하하고, 노동계의 강력 반발을 무시하며 노동시장 유연화를 추진했다.

기존의 노동 규제를 완화하는 주 69시간제 근로도 논란을 일으켰고, 복지 지출도 대폭 축소하는 기조를 이어갔다.

둘째, 국가주의적 우파(강한 법과 질서, 안보 중심) 성향이다. 법치주의 강조, 검찰권 강화 등 검찰 중심의 법질서 강화에 주력해왔다. 선제타격론을 앞세워 강경한 대북정책을 펼쳐왔고, 대북 인도적 지원에는 매우 소극적이었다. 한미일 군사동맹을 강화하면서 중국과 북한은 견제하고 있다.

셋째, 사회적 보수주의(전통적 가치 및 권위주의) 성향도 강하다는 점이다. 여성가족부 폐지 공약, 성평등 정책 약화 등에서 알 수 있듯 페미니즘·젠더 이슈에 반대해왔다. 강성 노동운동을 비판하고, 파업에 엄벌 대응하는 등 반(反)노동조합 기조를 유지해왔다. 또 노동조합의 집회·시위에 공권력으로 대응해왔다.

넷째, 윤석열 정부의 강한 반공주의 노선과 권위주의적 통치 방식에서 알 수 있듯 국민의힘은 갈수록 극우적 우파로 기울어 간다는 것이다. 윤석열이 12·3 계엄 선포 당시 반국가세력 척결을 주장한 것이나 대통령실 참모 등 다른 이의 조언을 전혀 듣지 않고 1시간 중 59분은 혼자 발언했다는 증언 등에서 알 수 있다.

결론적으로 윤석열의 정치 성향을 종합하면, '경제적 우파

(신자유주의)+국가주의적 우파(강한 안보, 질서 강화)'의 혼합형이라고 볼 수 있다.

보수우파가 멸종하지 않으려면 '윤석열 정부의 확증편향'이 망친 정책들부터 반성하고 새로운 길을 제시해야 하지 않을까?

윤석열은 우리나라에 반국가세력이 암약하고 있고, 이들이 자유민주주의 체제를 전복하려 한다는 망상에 빠져 있었다. 실제로 그런 확증편향 성향이 정부의 경제정책과 사회정책 전반에 반영돼 광범위하게 영향을 미쳤다는 게 문제다.

첫째, 철 지난 낙수 효과를 믿고 부자 감세를 남발했다.

둘째, 기업들 세금을 줄여주면 투자와 고용이 늘어난다고 믿었다.

셋째, 건전 재정을 강조하면서 단기 차입을 늘리고 외국환 평형기금을 끌어다 쓰고 지방 교부세를 후려쳤다.

넷째, 자유시장 경제를 외치면서 재벌에 손을 벌렸다.

다섯째, 자본시장 포퓰리스트들의 논리를 따랐다. 공매도 금지가 대표적이다.

여섯째, 금투세가 도입되면 주식시장이 붕괴된다는 주장을 믿었다.

일곱째, 극단적인 노동시장 유연화를 신봉했다.

여덟째, 실체도 없는 R&D 카르텔 음모론을 내세워 예산을 후려쳤다.

아홉째, 의대 정원 2000명 증원은 내용도 절차도 엉망이었다.

윤석열 보수 정부가 저지른 이 아홉 가지의 실정은 김우찬 고려대 경영대 교수가 진단한 것을 정리한 것이다.

국민의힘 정책 이해를 위해 우파의 정치적 유형과 특징을 파악한다면?

우파Right-wing는 기본적으로 개인의 자유, 시장경제, 보수적인 가치, 국가의 전통적 역할을 중시하는 정치 이념이다. 우파는 정부 개입을 줄이고 개인과 기업의 자율성을 확대하는 것을 중시한다.

우파는 단일한 개념이 아니라 다양한 스펙트럼을 갖고 있다. 정치학자들은 우파를 온건 보수에서 극우에 이르는 다양한 층위로 구분하며, 경제적, 사회적, 문화적 요소에 따라 세부적으로 나눈다.

우파는 경제적 우파, 사회적(문화적) 우파, 보수주의적 우파, 국가주의적 우파, 극우파 등으로 세분화할 수 있다.

온건 보수주의는 자유민주주의와 시장경제를 인정하고, 작은 정부를 지향하지만, 공공의 역할도 인정한다. 기본적 인권 및 법치주의 등 보편적 가치를 존중하며, 점진적 개혁을 선호한다. 영국 보수당과 독일 기독민주당CDU이 이에 해당한다.

경제적 우파Economic Right는 경제적 자유를 극대화하고 정부 개입 최소화를 주장한다. 감세, 규제 완화, 자유무역, 민영화 등을 지지한다. 정부의 복지 정책을 축소하고 민간 자율성을 강조한다. 대표적 사상가는 애덤 스미스, 밀턴 프리드먼, 프리드리히 하이에크 등이다.

국가주의적 우파는 도널드 트럼프의 '미국 우선주의 America First'를 사례로 들 수 있다. 트럼프가 자국 우선주의 Protectionism를 경제정책 전면에 내세우고 관세 폭탄 전쟁을 일으킨 것이나, WTO, 유엔 인권이사회와 유엔 팔레스타인 난민구호기구UNRWA 등의 무용론을 주장하는 것이 대표적이다. 트럼프가 취임하자마자 반이민 정책과 국경 통제를 강화한 것도 그의 국가주의적 우파 성향을 잘 보여준다.

극우Far Right는 권위주의적 정치 체제를 지지하고, 때로는 민주주의를 부정하기도 한다. 극단적 민족주의 및 국수주의 성향을 드러낸다.

신자유주의의 대표적 경제학자인 프리드리히 하이에크 Friedrich Hayek는 "우파는 자유시장 경제를 강조하며, 정부 개입을 최소화하여 개인과 기업이 자유롭게 경쟁할 수 있도록 해야 한다"고 주장했다.

하지만 하이에크는 정치적 자유와 경제적 자유 중 정치적 자유의 우선권을 인정해야 한다고 강조했다. 하이에크는 정치적 자유가 주어져야 비로소 물질적 풍요도 가능해진다고 생각한 것이다.

그러나 윤석열은 12·3 비상계엄을 선포하고 국회의원 체포를 지시함으로써 정치적 자유가 경제적 자유보다 우선한다는 온건 보수의 가치와는 대치된 길을 걸었다.

국민의힘은 극우 보수세력과 궤를 같이하며 야당의 주장과 정책에 대해서는 줄곧 배타적 태도를 보여왔다. 야당의 대북 평화정책은 종북주의로, 노동 존중에 대한 요구는 집단이기주의로, 양성평등과 장애인 이동권 보장 등 차별철폐를 위한 시민실천은 반시민적 행위로 몰아갔다. 사회적 약자의 보호와 권익 신장을 위한 혁신을 스스로 수행한 적이 없다.

그러므로 한국의 보수 정치가 멸종하지 않으려면 과거 김 영삼 정권이 신한국론과 세계화론 같은 담론을 제시했듯, 보 수정치세력만의 고유한 의제와 담론을 새로이 제시해야 할 것이다.

한국의 보수 정치가 무엇보다 우선할 일은 극우 세력과의 결별이다. 2025년 1월 18일 윤석열이 대통령 신분으로 구속 되자 윤석열 구속에 반대하는 극우 보수세력들이 서울서부지 방법원에 난입해 폭력 및 폭동 사태를 일으켰다. 이때 여당의 윤상현 의원 같은 극우 우파들이 극우 집회에 참석해 법치주 의를 부정하고 오히려 폭력적인 갈등 상황을 조장했다.

따라서 국민의힘이 날아드는 혜성을 바라보며 멸종을 직감 하는 공룡 신세가 되지 않으려면 자신들의 목에 스스로 혁신 자의 방울을 달아야 할 것이다.

9. 사회권 선진국

'더 많은 민주주의'를 누릴 수 있는 길은 무엇인가?

조국혁신당은 2024년 4월 국민이 더 행복한 '사회권 선진국'을 만들겠다고 선언했다. 그러자 한동훈 전 국민의힘 비상대책위원장과 국민의힘 지도부는 조국을 향해 '빨갱이다', '사회주의자다'라며 강력히 비난했다.

보수우파 국민의힘은 우리 헌법에 명시되어 있는 '사회적 기본권'조차 애써 망각하고 여전히 철 지난 이념에 묶여 앞으로 나아가지 못하는 꼴이다.

사회적 기본권 즉, '사회권'은 헌법이 보장하는 기본권이다. 국민이 인간다운 삶을 누릴 수 있도록 국가에 요구할 수 있는 권리다.

우리 헌법에서 사회권은 인간의 존엄과 가치 및 행복추구권(제10조), 교육을 받을 권리(제31조), 근로의 권리(제32조), 노동삼권(제33조), 인간다운 생활을 할 권리(제34조), 환경권과 주거권(제35조), 모성보호(제36조), 보건권(제36조) 등에서 보장되고 있다. 하지만 구체적 보장 내용이 없는 선언에 가깝다.

조국혁신당은 헌법에서 보장하고 있는 '사회권'의 보장 수준을 끌어올려 '사회권 선진국'을 만들어보자는 것을 민생 비전과 공약으로 내세우고 있다.

또 '제7공화국 개헌 공약'으로 우리 헌법에 사회보장권, 임신·출산·양육권, 주거권 등을 명시하자고 제안했다.

조국혁신당 전 대표 조국은 "사회권이란 사람답게 살 수 있는 최소한의 여건을 누릴 권리를 말합니다. 그동안 복지는, 정부 혹은 지방자치단체가 도움이 필요한 국민에게 시혜적으로 베푸는 정책이라는 인식이 강했습니다. 이제는 바꿔야 합니다. 정부가 베푸는 것이 아니라, 국민의 권리로 요구할 수 있어야 합니다. 국가는, 국민이 사람답게 살 수 있는 여건을 만들어 줘야 할 의무가 있다, 국민은 권리로써 요구할 수 있어야 한다는 것입니다."

"사회권의 대표적인 예는, 주거권입니다. 누구나 집이 필요합니다. 잠을 자고 편하게 쉴 공간이 필요합니다. 정부는 집이 필요한 국민에게 질 좋은 공공주택을 제공하고, 큰 부담 없이, 원하는 만큼 살 수 있게 해야 합니다. 국민은 국가에 주거권을 요구할 수 있어야 합니다.

보육과 교육은 아이들, 그리고 돌보는 사람의 당연한 권리입니다. 현재도 정부와 지방자치단체가 보육과 교육에 일정한 지원을 합니다.

하지만 지원만으로는 부족합니다. 우리 국민은 누구나 사람답게 보육 받을 권리, 교육받을 권리가 있습니다. 이것이 사회권입니다.

아프면 쉬어야 합니다. 아프면, 돈 걱정 없이 병원에 가야 합니다. 이것이 건강권입니다."

조국은 주거권, 돌봄권, 보육권, 교육권, 건강권 등의 사회권을 법률과 정책으로 만들어 시행해야 한다고 주장한다.

헌법 개정으로 '제7공화국'을 건설하여 국가 권력의 운영에 국민의 참여와 자치를 더 보장하자는 것이다. 사회권을 국민이 제대로 누리려면 정부가 베풀어줄 것을 기다리지 말고 국민이 권리로써 요구하고, 요구할 수 있어야 한다는 것이다. 이러한 방향을 조국은 '더 많은 민주주의'라고 부른다.

더불어민주당은 사회적 기본권 강화를 위해 어떤 노력을 기울이고 있는가?

더불어민주당은 2024년 3월 제22대 총선 공약으로 '기본사회 5대 정책' 공약을 제안했다. 이재명 대표는 "인생의 모든 과정에서 기본적인 삶의 조건이 보장되는 사회를 만들겠다"고 강조했다.

민주당이 제시한 5대 정책은 △출생 기본소득 △기본주택 △대학 무상교육 △간병 건강보험 적용 △경로점심 지원이다.

더불어민주당은 조국혁신당이 사회적 기본권인 '사회권' 강화를 당의 핵심 비전으로 선언 것보다 4개월 뒤늦게 '모든 사람의 기본적인 삶을 보장하는 기본사회를 지향한다'라는 핵심 정책을 당 강령으로 채택했다.

민주당 강령에는 "우리는 모든 사람이 공정하고 동등한 조건에서 자신의 역량을 발휘하는 정의로운 나라를 원한다. 사회경제적 양극화와 불평등을 극복하고 모든 사람의 기본적인 삶을 보장하는 기본사회를 원한다. 계층, 세대, 성별, 지역 간 갈등을 해소하고 모든 국민이 조화롭게 살아가는 통합의 국가를 원한다"는 문장들이 새로 들어갔다.

조국혁신당과 더불어민주당이 각기 주장하는 '사회적 기본권'에는 어떤 차이가 있는가?

조국혁신당과 더불어민주당 모두 사회적 기본권 강화를 추구하지만, 접근 방식과 강조점에서 차이가 있다.

'사회적 기본권' 접근 방식에서 조국혁신당은 사회적 기본권을 헌법적 권리로 명문화하여 국가의 책임을 강조하는 반면, 더불어민주당은 정책적 프로그램을 통해 국민의 기본 생활을 보장하는 데 중점을 두고 있다.

조국혁신당은 환경권과 노동권 등 특정 권리의 헌법적 강화를 강조하고, 더불어민주당은 출생부터 노년까지의 전 생애에 걸친 복지를 포괄적으로 다루는 경향이 있다.

두 정당은 사회적 기본권 강화를 목표로 하지만, 접근 방식과 우선순위에서 차이를 보인다.

정의당은 '사회적 기본권'을 어떻게 규정하고 수행하려 하는가?

정의당은 당의 강령과 정책을 통해 '사회적 기본권' 강화를 명확히 채택하고 있다. 주요 내용은 다음과 같다.

첫째, 보편적 복지의 실현.

정의당은 보육, 교육, 일자리, 주거, 의료, 노후 등 삶의 전 영역에서 보편적 복지를 실현하여, 사회적 위험을 예방하고 모든 국민이 인간다운 삶을 누릴 수 있도록 하고자 한다. 이를 통해 사회의 통합과 안정성을 높이는 것을 목표로 한다.

둘째, 노동권의 확대.

모든 노동은 존엄하다는 원칙 아래, 정의당은 최저임금 인상, 노동자 간 임금 격차 해소, 비정규직 채용 제한 등을 통해 노동권을 강화하고자 한다. 또한, 다양한 형태의 노동조합 조직화를 촉진하여 노동과 자본 사이의 힘의 균형을 이루고자 한다.

셋째, 차별 없는 사회 구축.

정의당은 성별, 성적 지향, 장애, 병력, 소득, 연령, 국적, 인종 등 다양한 이유로 발생하는 차별을 없애고, 다양성과 차이를 존중하는 사회를 만들고자 한다. 이를 통해 모든 사회적 소수자의 권리를 보호하고, 안전한 사회 환경을 조성하는 것을 목표로 한다.

정의당은 이러한 강령과 정책을 통해 사회적 기본권의 보장과 강화를 당의 핵심 가치로 삼고 있다.

그런데 국민의힘 당 강령에는 사회적 기본권 관련 언급이 없다.

내란의 뿌리를 찾아서, 민주주의가 경제다

초판 1쇄 인쇄 2025년 2월 25일
초판 1쇄 발행 2025년 3월 5일

지은이 이병훈
펴낸곳 굿모닝미디어
펴낸이 이병훈

출판등록 1999년 9월 1일 등록번호 제10-1819호
주소 서울시 마포구 동교로50길 8, 201호
전화 02) 3141-8609
팩스 02) 6442-6185
전자우편 goodmanpb@naver.com

ISBN 978-89-89874-53-9 03300